刑民关系论

张静◎著

九州出版社 | 全国百佳图书出版单位

图书在版编目（CIP）数据

刑民关系论 / 张静著. —— 北京 ：九州出版社，
2025. 5. —— ISBN 978-7-5225-3926-3

Ⅰ. D924.04；D923.04

中国国家版本馆CIP数据核字第2025QV3262号

刑民关系论

作　者	张　静　著
责任编辑	肖润楷
出版发行	九州出版社
地　址	北京市西城区阜外大街甲 35 号（100037）
发行电话	(010)68992190/3/5/6
网　址	www.jiuzhoupress.com
电子信箱	jiuzhou@jiuzhoupress.com
印　刷	北京九州迅驰传媒文化有限公司
开　本	720 毫米 ×1020 毫米　16 开
印　张	12.5
字　数	180 千字
版　次	2025 年 8 月第 1 版
印　次	2025 年 8 月第 1 次印刷
书　号	ISBN 978-7-5225-3926-3
定　价	42.00 元

本书为 2023 年度湖北省哲学社会科学研究项目"刑民关系实证研究"（项目编号 23Y103）成果。

前　言

　　伯尔曼指出："西方法律传统像整个西方文明一样，在 20 世纪正经历着前所未有的危机……在这危机中，我们整个的法律传统都受到挑战。"伯尔曼所言的这一"危机"主要指公、私法分类以及部门法在性质上分属于公法或私法这种泾渭分明的分类传统理论受到质疑。以此为背景，刑民关系论所关注的是在严格刑民二分观点透视下，无法严整纳入任何一边的模糊和边缘性问题。在接续学界研究成果的基础上，本书试图以刑法解释学为研究路径，以案例为载体，以刑、民双向性的研究视角，展开对当代刑民关系的微观解读。希冀将民法理论融入刑法解释学，在具体问题上探求刑、民之间最大限度之调和。

　　除导论外，本书共分四章。

　　第一章"刑民关系的基础理论"。对刑民关系的深入研究，离不开对刑民关系历史沿革的梳理。从历史演进看，刑民关系经历了合体发展——泾渭分明——分界融合的发展历程。对法律行为的分析是刑民关系研究的基础性论题。法律对行为的调整模式分为意定主义和法定主义两种，并相应产生"法律行为违法"和"违法行为"两个概念。在意定主义调整模式下，法律行为违法的核心是由法律行为违法所带来的效力评判问题，在合同领域产生合同有效、无效、可撤销的判断。在法定主义调整模式下，违法行为的核心则是合法性判断问题。由此，合同的效力与合法性判断是刑法与民法产生关联的重要场域。刑民关系产生的根本原因在于同一法律行为对不同法律关系的影响。在以法典为载体的部门法世界里，因同一法律行为所导致的多重法律关系，可能分别属于不同的部门法调整，并由此导致调整方式及法律后果的纵横交错与交错重叠，刑民关系由此产生。

第二章"刑民关系的展开"。对刑民关系内涵及外延的界定，是研究刑民关系的前提。本书将刑民关系分为刑民实体关系和刑民程序关系，刑民实体关系分为单一型、纵向型和横向型刑民关系。对于刑民程序关系的探讨，笔者选择以刑民交叉案件为视角。刑民实体关系的理论基础具体指刑法的从属性与独立性、刑事违法性判断的一元论与相对论。对于刑法从属性与独立性之争，不能简单否定或肯定，而应在具体问题中相对把握。对于刑事违法性的判断，本书赞同缓和的违法一元论。

第三章"刑民实体关系的具体展开——以类型化研究为视角"。对刑民实体关系进行体系性的微观解读是本书的研究重点。本章采双向性的研究视角，路径包含：一方面，立足于法律行为，展开对民事法律关系的分析；另一方面，说明在具体个案中民事法律关系的认定对刑法构成要件该当性或违法阻却事由的影响。对此，笔者予以重点介绍：

货币占有与侵占罪的相关问题。本书认为，作为种类物的货币可以成为侵占罪的对象，这一结论的提出不是立足于刑法独立性，强调刑法、民法的差异，而是对货币所有权的归属及流转规则更深入思考后的回答。在委托现金的占有与侵占罪的成立问题上：从刑法占有的演进看，"占有的观念化"首先是民法学范畴，随着刑法学者对占有概念内容认识的不断深入，占有的观念化在刑法中逐步得到承认。以此为背景，对于封金的占有，笔者赞同"区分说"。对于被限定了用途的金钱的占有，结合民法理论展开讨论，最初的委托合同是作为判断金钱的所有权转移问题的核心要素，在刑法构架中被置于构成要件该当性中，而填补空缺的意思或不法受领的意思则在违法性判断这一主观层面中作出处理；在存在合同的宗旨并不明确的情形时，刑法中受托金钱是否属于"他人之财物"的认定变得困难，此时，刑法学其实首先是利用民法对合同的解释以明确合同的宗旨进而明确寄托金钱的所有权问题，之后再讨论侵占罪的构成。在存款的占有与侵占罪的成立问题上：存款人是否拥有正当的取款权限与变占有为所有的权限应作出明确区分。如果从民法出发，将存款债权这种财产性利益作为准占有的标的，与之相对，刑法解释论中应将财产性利益纳入侵占罪的对象。对于以存入银行自己名义账户的方式保管被委托的现金以及拥有处分他人名义存款的权限和地位，受托人擅自取出或转账成立侵占罪。在错误汇款的现金提取行为与犯罪的成立问题上：从民法角度看，因债权关系的相对性，作为汇款原因的法律关系是否存在或瑕疵，均不影响存款合同的效力。因此，有必要区分错误收款人对等额存款债权的占有、银行对存款现金的占有即所有，以及汇款人对收款人的不当得利返还之债。

不法原因给付与财产犯罪相关问题。对不法原因给付物所有权归属的判断：谷口知平先生致力于法律关系的整体寻求柔性的解决方案。作为整体的判断，谷口知平先生把当事人之间的公平、抑制进一步违法行为的发生、不法性的强弱、信赖关系以及拒绝救济导致的苛酷性等因素纳入整体考量的范围。这种思考方式应该引起刑法学者的注意与深入探讨。在不法原因委托与侵占罪的判断关系上：借鉴林干人教授"委托并非寄托"的思考方式带有启迪性。不法原因给付与诈骗罪关联问题的理论争点在于：财产罪的保护法益是否必须是根据民法认定的财产权利，即对于诈骗罪中的"财产"如何认定问题。

民事自力救济与刑事自救行为具有同源性。民法中自力救济的存在方式表现为两种类型——作为侵权责任的抗辩事由（即自力救济阻却民事不法）和作为公民权利行使之具体样态。与之相对，刑法中的自救行为，根据具体情形被视为超法规的违法阻却事由以及作为权利行使之样态在构成要件该当性中讨论。在自力救济违法阻却事由的认定范围上：日本民事判例对自力救济的认定相对于刑事判例表现出较为容忍、宽泛的态度。罗可辛教授将自救行为置于法秩序的整体精神中予以把握的观点带有一定的启发性，即使强调法的秩序价值，刑法也不应对自救行为的认定范围过于狭窄。关于紧急性要件的认定，是否可以将民法紧急性要件的判断原封不动的纳入刑法自救行为要件的判断中？由此涉及刑法的解释问题。在占有取回权与盗窃罪的成立问题上：自力救济的过程时常产生另外的损失事实，财产罪的成立与否首先应在构成要件阶段考虑被害人的占有是否具备值得保护的利益，而非在违法性阶段进行判断。由此，作为手段的违法性与作为财产犯的违法性应作出明确区分。在非典型担保权人的自助取回权、变卖权与盗窃罪的成立问题上：相对《美国统一商法典》规定的自力取回权及自助变卖权，日本相关案例自始就没有作为自力救济行为予以认定，从而肯定盗窃罪的成立。一定意义上而言，自力救济作为权利的行使范围问题被解读时，实际上涉及一国的权利意识及社会通念上的价值判断。

民事法律行为的效力与犯罪的成立。在无效或可撤销的民事法律行为与毁坏建筑物罪问题上：毁坏建筑物罪中，建筑物"他人性"的认定应遵从于民事实体关系的判断，在民事行为无效或被撤销的场合，这一判断将会直接影响构成要件该当性的实现。但，民事实体关系不等于民事诉讼的结果，民事诉讼的结果并非刑事裁判的前提，这一结论与刑法从属性也并不矛盾。在借款合同的效力与非法吸收公众存款罪问题上：刑法上非法吸收公众存款罪的成立与民事领域合法的民间借贷关系可以并存。

第四章"刑民程序关系的具体展开——以刑民交叉案件的裁判为视角"。刑民程序关系是刑民关系研究的重要组成部分，刑民交叉案件中的程序处理往往涉及公益、私益的平衡保护与选择问题。本章针对刑民交叉案件的审理模式、刑民交叉案件的管辖和证据采信、刑民交叉案件的裁判冲突等展开分析。"先刑后民"的最大硬伤是预断了被害人提起的所有诉讼请求均需以犯罪的解决为前提，如果把这一前提绝对化，将导致对民事部分私权的及时救济产生阻断并侵犯私权。本书在甄别具体案件类型、个案情况的基础上，提出"先刑后民""先民后刑""刑民并行"的分类适用标准。对于刑民交叉案件的立案管辖，应严格规范涉嫌经济犯罪案件立案的审批和通知程序，并建立诉讼轨道内对侦查权的有效监督机制。刑事诉讼的管辖法院应当与民事诉讼的管辖法院尽量保持一致。同时，法律赋予案件当事人提出管辖权异议的权利。对于单一性刑民关系案件，一定意义上，通过对证明标准的要求形成了证据对刑事案件的过滤机制。根据既判力理论，同一法律事实引起的同一贷款合同之下，合同诈骗罪与合同违约责任不能共存。刑事裁判对随后民事诉讼的效力：有罪判决对随后的民事诉讼具有约束力；两大法系国家均认为无罪判决对随后的民事诉讼没有既判力，支持的理由有所不同，大陆法系国家一般从判决体系的协调和避免矛盾判断入手，英美法系国家一般从证据标准角度论证。民事裁判对随后刑事诉讼的效力的实质是事实证明效力问题，应从证明标准的角度论证。"责令退赔"作为一种技术处理写入刑事判决的判项是不科学的，实际退赔情况应在查明事实部分予以确认，并在裁判说理部分作为被告人从轻处罚的量刑情节，从而与民事诉讼中赔偿问题衔接。

本书认为，受部门立法的局限，刑民规范间的差异及冲突是客观存在的，由此，最大程度对涉及刑民关系的具体问题作出调和，属于刑法解释学的任务。立足于法秩序的统一性，缓和的违法一元论应当是立法者、司法者、解释者及社会公众应该追求的最佳效果，这种一元性并非逻辑上的一致，而是评价上的一致。

目　录

导　论

一、选题背景

张明楷教授曾指出：我国的刑法学研究基本上是一种以立法修改为导向的刑事立法学，不具有可持续性发展的生命力。因此他提出"没有发达的刑法解释学，就不可能有发达的刑法学"的观点，大力提倡学派之争与刑法解释学的研究路径。在此，笔者对刑民关系的探讨以刑法解释学为研究路径展开。

在一国法律体系之下，虽然在不同的国家或不同的时代，法律部门划分的标准不完全相同，但主要依据两个标准：调整对象与调整方法，调整对象为首要标准，调整方法为辅助标准。刑法因其法律调整方法的独特性，在整个法律体系中处于一种十分特殊的地位。单纯的看刑法体系，尤其是刑法总论，因其逻辑的自洽与自足，具有刑法专属性的特点；但当我们把目光转向刑法各论的具体罪名，就会呈现大量刑法与其他部门法之间交融、交错的场景。这种交融、交错关系不仅影响刑民实体、程序的各自判断，甚至进一步弥散开来，延伸至刑法总论刑事违法性与刑事责任论领域。财产犯罪与民法的关联就是一个明显的例子。总的来说，对于刑民关系这一论题，笔者以刑法解释学的研究路径展开，"在体系的思考与问题的思考之间"，笔者更倾向于后者。

在上述背景下，研究刑民关系的理论及实践意义体现为以下两点：

理论意义：廓清刑民法律关系的"争点"问题。

长期以来，刑法与民法的关系问题始终是理论上的热点问题同时也是一个难点问题。这一热点的兴起源于对于部门法研究路径的反思，最为典型的例子：对于某一行为的定性，刑法学者认为应进行刑法否定评价，构成犯罪；但民法学者则认为在民事法调整领域，这一行为并不违法。而其"难点"缘于学科界域的限制，对刑民关系相关问题的微观解读仅零星的散见于具体罪名的研究，并未形成体系性的"燎原"之势。如何对刑民关系进行体系性的微观解读，已经成为刑法理论中不可回避的议题。

现实意义：回应实践运行中的"难点"问题。

刑民关系的研究也是回应司法实务中刑民交叉案件审理的需要。司法层面，刑事判决与民事判决的冲突与协调、刑事诉讼程序与民事诉讼程序的衔接、刑事证据与民事证据的采信、刑民案件的管辖等相关问题的路径选择均与刑民关系的理论研究有直接影响。刑民关系这一选题立足于实际问题的解决，与司法实务密切关联。

二、研究现状

近年来，随着刑法、民法部门法学研究的不断深入，刑民关系这一刑法、民法边缘地带问题逐渐走入人们的视野。然而，与整个刑法学热烈、深入的研究现状相比，我国对于刑民关系的研究较为分散和松散；相对于刑民关系宏观研究的高屋建瓴、宏大叙事，刑民关系微观上精密化、精细化的解读略显失语与无力。具体研究方法的选择会深刻影响研究结果的客观性与真实性，为了尽量避免潜存的主观偏见对研究结论的影响，笔者通过数据统计的实证分析方法对刑民关系的研究现状做如下评述：

经统计，国内目前直接以"刑民关系"作为研究对象的专著尚未出现，涉及"刑民关系"这一核心议题的博士论文仅有2篇：朱铁军《刑民实体关系论》、刘宇的《民刑关系要论》。笔者进一步将学术论文搜集范围扩大至刑民交叉领域，截至2022年12月31日，中国知网收录的以刑民关系为范畴的硕博学术论文数统计如（表1）：

表1　"刑民关系"为范畴的硕博学位论文年代分布统计表

单位：篇

关键词		刑民关系	刑民交错关系	刑民交叉	民刑交叉
学位论文总数		5	1	133	35
（博士论文数）		（2）	（0）	（3）	（0）
年份	2006		1	1	
	2007	（1）		2（1）	
	2008				
	2009	（1）		4（1）	2
	2010			1	1
	2011			2	1
	2012			1	
	2013			2	
	2014	1		1	1
	2015			11	2
	2016	1		6	7
	2017			10	3
	2018	1		16	6
	2019			12	1
	2020			28	4
	2021			27	5
	2022			9	2

就期刊论文而言，在中国知网以"刑民交叉""刑民交错""刑民关系""民刑关系""民刑关联""刑法与民法""刑法对民法"作为篇名或主题词进行搜索，共得到227个结果。以下是截至2022年12月31日中

国知网中收录的以"刑民关系"为核心议题的论文数量统计表（表2）：

表2 "刑民关系"为核心论题的期刊论文数量分布情况统计表

单位：篇

关键词	刑民关系	民刑关系	刑法与/对民法	民刑关联	刑民交错	刑民交叉
期刊数量	12	12	10	1	12	180

从表1、表2可以看出，"刑民关系"这一专题的学术研究起步较晚，同时一直处于一种相对冷清的状态，特别是在整个刑法学研究热烈、蓬勃的"百家争鸣"之势下，越发显得孤寂，这种孤寂的状态似乎无法引起学科之间的对话与共鸣，甚至略显"孤芳自赏"。我国第一部刑法典在1997年颁布，民法通则颁布于1986年，几乎是在20年后，刑民关系的研究才进入理论研究的视野，并且这种研究发端于司法实践中刑民交叉案件的处理。2006年北京市第一中级人民法院赵蒐法官的《刑民交叉案件的审理原则——相关司法解释辨析》是目前中国知网可查的论述"刑民交叉"的最早文献。2008年童伟华教授的《紧急行为中的刑、民关系——以日本法为例》是真正意义上第一篇以刑民关系为研究议题的学术成果。2007年刘宇博士的《民刑关系要论》是第一部以"刑民关系"为核心议题的博士学位论文。如果说"刑民交叉"的研究发端于我国的审判实务，走的是一条"从实践到理论"的道路，且目前的研究较为深入，那么"刑民关系"研究的开启更多是我国学者受到大陆法系，特别是日本法中刑民对话理论成果的启示，"从理论到实践"的展开。同时，从研究的成果看，相比我国学者围绕"刑民交叉"案件的审理、程序为议题的研究，我国学者对"刑民关系"实体问题的研究不得不说是凤毛麟角，可以说我国关于"刑民关系"的对话并未充分展开。

除了直接以"刑民关系"范畴为研究对象的学术成果外，从问题的不同侧面切入这一议题的研究成果也占有一席之地。例如，周雪梅博士的博士论文《刑事犯罪与民事侵权比较研究》，她指出，"刑法和侵权法围绕不同的责任效果（刑罚与损害赔偿）而形成了大有差异的归责理论"。又如刘彦辉博士的博士论文《民事责任与刑事责任比较研究》，他指出，"民法刑法化或刑法民法化是民事、刑事非典型领域的必然表现，是用不同的部门法调整不同社会关系的法律发展进程中必然留下的沼泽地，这种领域也是司法实践的疑难问题多发区，但对于典型的民法领域或刑法领域，仍应坚持民事、刑事责任分立原则"。

笔者以"刑民关系""民刑关系""刑民交叉"为核心议题的论文为对象，围绕关联性强的关键词进行统计分析。关键词或主题词是文章的题眼与核心，笔者试图通过统计向外辐射的关键词出现频次来分析出"刑民关系"这一范畴内，我国学者研究的重点内容及程度。以下是相关关键词的频次出现情况（表3、表4）。

表3　"刑民交叉"论文涉及关键词频次统计表

单位：次

序号	关键词	出现频次	序号	关键词	出现频次
1	刑民交叉	299	24	担保效力	1
2	程序	10	25	担保合同	1
3	刑民交叉案件	223	26	保险诈骗	6
4	先刑后民	110	27	侵权（责任）	4
5	刑民并行	42	28	不当得利	4
6	经济犯罪	9	29	所有权	1
7	合同诈骗	15	30	遗失物	1
8	法律关系	18	31	遗忘物	1
9	先民后刑	44	32	存单纠纷	1
10	知识产权	3	33	二次评价	1
11	既判力	24	34	刑民分野	1
12	证据	1	35	法律行为	1
13	民间借贷	47	36	刑事和解	1
14	司法处理	6	37	占有	4
15	审理模式	19	38	贪污罪	0
16	合同效力	38	39	职务侵占	1

续表

序号	关键词	出现频次	序号	关键词	出现频次
17	管辖	1	40	金钱	0
18	刑民（诉讼）冲突	2	41	不法原因给付	1
19	信用卡诈骗	1	42	抵押	0
20	非法集资	18	43	所有权保留	0
21	规范评价	1	44	行政犯	0
22	刑法谦抑性	4	45	紧急避险（行为）	0
23	经济案件	2	46	表见代理	3

表 4 "刑民关系"论文涉及关键词频次统计表

单位：次

序号	关键词	出现频次	序号	关键词	出现频次
1	刑民关系	18	12	无权处分	1
2	民刑关系	5	13	不法原因给付	1
3	社会危害性	0	14	恶意透支	3
4	违法性阻却	1	15	不当得利	0
5	自力救济	0	16	侵占	1
6	规范冲突	1	17	紧急避险（行为）	1
7	所有权与占有	1	18	正当化事由	1
8	连带责任	1	19	合同诈骗	1
9	没收违法所得	1	20	民事强制保护制度	1
10	民事判决	1	21	涉案财产	1
11	合同效力	1	22	存单	1

　　研究方法的选择特别是论题中某些节点的选择将直接关系到论题的导向。因此，严肃的分析应尽量深入、细致，避免因暗藏于思维中的主观成见导致肤浅。笔者以"刑民关系""刑民交叉"为核心，通过统计相关辐射关键词的出现频次，并结合对相关文献的阅读，发现我国目前对刑民关系的研究特点表现在以下几个方面：

（1）"刑民交叉"案件审判实务研究

在刑民关系为范畴的研究成果中，涉及刑民交叉案件审判实务的关键词出现频次最高，表现为"刑民交叉"出现 299 次、"刑民交叉案件"出现 223 次、"民间借贷"出现 47 次、"合同效力"出现 38 次，另外"非法集资""合同诈骗"等关键词出现频次较高。这些高频率关键词均涉及司法处理问题。

刑民交叉案件是刑民关系理论研究中回避不了的一个方面。法律是实践的理性，刑民交叉案件作为司法实践的疑难问题多发区，刑民关系研究首先发端于这一问题的思考，带有一定的自发色彩。但与此同时，对于此问题，司法实务界的研究多于理论界，同时，对这一问题的研究更多表现在刑民交叉的概念、刑民交叉的案件类型、审理模式、证据采信以及个案的审理思路。但是，因这一时期的研究本身对刑民实体关系的研究涉及极少，因此这种单纯以实践为背景的研究虽然取得了一定成果，但带有一定的局限性。

关于刑民交叉的概念界定理论界存在分歧。承认刑民交叉概念的学者一般认为，刑民交叉的概念有"同时符合说""同时侵害说""牵连说""综合说"等。"同时符合说"和"同时侵害说"主要涵盖的刑民交叉案件是单数行为即该行为可以同时进行刑法和民法判断，进而引起刑民交叉。但是，对于复数行为，如行为人与被害人成立债权债务关系并订立借据之后，行为人为了逃避债务而抢回借据的案件，就难以纳入"同时符合说"或"同时侵害说"中进行讨论。"牵连说"所涵盖的刑民交叉案件比"同时符合说"和"同时侵害说"广。然而，"牵连说"尚难以涵盖住民商事纠纷与刑事犯罪性质一时难以判断的案件，因此也存在一定的局限性。"综合说"不仅包括刑事法律关系与民事法律关系之间的交叉，而且包含了刑事犯罪与民商事纠纷的辨别与判断，在外延上比较充分，这是其可取之处。然而，其仅从法律关系入手进行界定，而未从法律事实入手，尚难以真正把握住刑民交叉的实质。同时，不承认刑民交叉概念的学者提出，刑民交叉案件是司法实践中客观存在的现象，严格说，它不是理论范畴，因此对它的界定不是理论概念的界定，而是研究范围的界定。

关于刑民交叉的类型，理论界一般认为包括竞合性交叉、牵连性交叉、过渡性交叉，也形成了较为成熟的理论成果。例如，徐艳阳博士的《刑民交叉问题研究》，侧重于对刑民交叉的本体研究。

（2）刑民关系程序性机制研究

与刑民关系程序有关的关键词："程序"出现 10 次、"先刑后民"出现 110 次、"先民后刑""民刑并行"分别出现 42 次，另外"既判力""司法处理""审理模式"出现频次较高。在司法实践中，刑民交叉案件首先源于程序上的冲突协调，突出表现之一为：对于民商事审判中又涉嫌犯罪的程序处理问题。对此，一系列规范性文件出台，从而形成了"先刑后民"的审理模式。因此，程序性问题是刑民关系论题中的重要内容，程序性问题的研究在为司法处理寻求解决之道的同时也有助于刑民关系体系性内容的完善与发展。

关于刑民交叉案件的审理模式，理论界基本已经形成比较成熟的观点，并划分了"先刑后民""先民后刑""民刑并行"的各自领地。大多数学者认为，应当对实务中先刑后民的不当蔓延进行反思。如果民事案件的审理不必然依赖于刑事案件的裁判结果，应充分尊重当事人的民事救济权，民刑并行。但具体案件类型划分并未达成共识性规范。相对于刑民交叉案件审理模式问题，学者对刑民交叉案件的证据采信、管辖、刑民裁判的冲突等问题的研究比较零星和分散。张锦娟的硕士学位论文《论民间集资案件刑民诉讼立案冲突与程序规制》，该学术论文侧重于对案件审理模式的研究，仅作为一个节点论述民间集资刑民交叉案件的"立案冲突导致司法冲突"，对于立案管辖对后续救济程序的影响这一问题并未充分展开。李兰英、陆而启在《从技术到情感：刑民交叉案件管辖》中指出，解决刑民交叉案件关系问题的基本思路是超越极端，回归情感。该文章对解决刑民交叉案件的管辖冲突不失为一种有益的尝试，但如何回归情感以解决刑民交叉案件的关系冲突似乎语焉不详。

就刑民关系之裁判冲突，大部分学者是从既判力角度展开论述。代表性学术论文有李哲博士的《刑民交叉案件中的既判力问题探析》，他指出，应当利用既判力理论解决生效裁判对随后诉讼的效力问题。考虑到刑事与民事证明标准的不同，区别对待有罪裁判、无罪裁判以及证据不足、指控的罪名不能成立的无罪判决对随后民事诉讼的效力问题。关于民事裁判对随后刑事诉讼的效力问题，也应当利用既判力的理论，区别公诉和自诉的不同情况作出具体分析。

（3）刑民实体关系研究

与刑民实体关系范畴相关的关键词有"正当化事由""所有权与占有""社会危害性""违法性阻却""不法原因给付""无权处分""侵占""紧急行为""民事强制保护制度""规范冲突""连带责任""涉案财产"等，其中除"不法原因给付"出现3次外，以上关键词分别出现1次。与此同时，"行政犯""抵押""所有权保留""自力救济"出现频次为0。

如果说学术观点的热烈讨论一定程度上是某一领域学术发展水平的反映，那么目前对刑民实体关系的微观研究状况无疑是令人堪忧的。刘宇博士的学位论文《刑民关系要论》比较分析了民法与刑法的价值、民法规范与刑法规范、民法中的行为与刑法中的行为、民法中的人与刑法中的人、民法中的阻却违法事由与刑法中的阻却违法事由、民法中的过错与刑法中的过错、民法中的因果关系与刑法中的因果关系、民事责任与刑事责任，偏重于从宏观架构中解读刑民关系。朱铁军博士的学位论文《刑民实体关系论》同样侧重于宏观研究，例如该论文以"刑法与民法之间的关联""刑法与民法之间的分界""刑法与民法之间的融合"为章，分别讨论了刑法对民法的保障属性、刑法与民法的交错、刑法与民法之间的规范效应及例外、刑法与民法特性之分析、犯罪与民事不法的区分等内容。总的来说，目前代表性的学术研究一般选择从宏观上架构刑民关系，微观领域的研究近乎苍白。

对于刑民实体关系之法律行为类型化分析的期刊论文起步较晚，同时这种研究受到日本法的影响。王骏教授对于此问题的研究具有重要意义，其学术论文：《不法原因给付问题的刑民实像——以日本法为中心》《违法性判断必须一元吗？——以刑民实体关系为视角》和《正当化事由的刑民关系初探》是很好的典范。从内容及引注看，日本法中对刑民关系的研究成果对作者分析我国的研究进路提供了理论支持。王骏教授认为刑民立法旨趣存在差异、各有侧重。刑法解释论不可能完全依从于民法规范及其解释，需要独立判断。只要是"保管"意义上的不法给付，不管是否为民法中的"终局性"给付，均有成立侵占罪的余地，被害人所处民事关系的不法，不影响行骗人成立诈骗罪。应当说，刑事犯罪与其他部门法之间存在着不可分割的联系，刑法各论具体罪名的深入展开，需要充分、详尽的民法知识储备，如何将民法理论纳入刑法解释学，是当下刑法学研究中不容忽视的一环。

（4）日本刑民关系研究现状

与我国刑民关系问题研究的失语与无力形成鲜明对比的是邻国日本对相关领域研究的繁荣景象。最具代表性的有佐伯仁志、道垣内弘人：《刑法与民法的对话》、场纯男：《侵占罪的占有的意义——以不动产及存款的占有为中心》、渡边惠一：《错误汇款的现金提取行为与犯罪的成立与否》、恒光彻：《附所有权保留的汽车分期付款买卖的刑法性保护与刑法的担保性》、浅田和茂：《非典型担保与侵占》、川端博：《不动产的双重买卖与侵占》、牧野英一：《民法的基本问题第四》、土本武司：《与民事相交错的刑事责任》、林干人：《财产犯中的"他人的"要件——围绕最高裁昭和 61 年·7.18 决定》、关哲夫：《关于侵入住宅罪中承诺意思的"显在的对立"》、尹腾美：《美国的动产担保权人的自力救济》、曾根威彦：《刑法的重要问题（总论）》等。笔者认为日本法中对刑民关系的研究有以下特点：第一，立足于日本法规范，以刑法解释学为研究路径；第二，研究视角的双向性，法学者不拘泥于各自专业范围展开探讨；第三，以法律行为为研究对象；第四，以案例为载体，并注重体系化分析。总之，体现出刑民关系研究的精密化与精细化。

三、本书主要内容与创新观点

（一）本书主要内容

除导言外，全书分为四章：

第一章"刑民关系的基础理论"，作为刑民关系的研究基础，统领之后的三章。本章第一节首先是对刑法与民法关系历史演进过程的梳理。在对古代中国、罗马法律初始形态考察基础上，厘清刑法和民法合体发展的历史因素和理论变迁。在近代和现代社会的法律体系发展中，本书以市民社会和政治国家、公法和私法的观念变迁为背景，对刑民关系进行比较，说明刑、民关系二元格局的形成原因。并随着法律的社会化运动、公法与私法的融合，公法和私法这种泾渭分明的分类传统受到挑战，并走向局部融合。第二节中，笔者以部门法划分理论为依据探讨刑民界分的标准，并指出，同一法律行为对不同法律关系的影响是刑民关系产生的根本原因。

第二章"刑民关系的展开"着力于刑民关系的宏观架构。本章第一节首先将刑民关系分为刑民实体关系和刑民程序关系，并重点阐述刑民关系的类型——单一性、纵向型、横向型刑民关系。在第二节"刑民实体关系的基础理论"中，首先述评大陆法系国家违法性判断学说，并介绍了我国的研究进路以及研究现状。并在已有的大陆法系国家比较成熟的理论成果的基础上，以"我国刑事立法的不法量域、行政法、立法旨趣、保护法益、法秩序的统一性"为主线，对缓和的违法一元论进行证成。第三节"刑民程序关系的体现"中，笔者以刑民交叉案件为视角，重点阐述刑民交叉案件的定义与本质。

第三章"刑民实体关系的具体展开——以类型化研究为视角"，着力于从法律行为的视角对涉及"货币占有、不法原因给付、自力救济、法律行为的效力"等范畴的刑民关系进行分析。路径包含两个方面：一方面涉及民事基础法律关系的认定，另一方面说明在具体个案中民事基础法律关系的认定对刑法构成要件该当性或违法阻却事由的影响。

第四章"刑民程序关系的具体展开——以刑民交叉案件的裁判为视角"，首先论述刑民交叉案件的审理模式，对于司法实践中"先刑后民"的惯性思维笔者提出质疑，并在此基础上对"先刑后民""先民后刑""刑民并行"分类适用。第二节"刑民交叉案件中的管辖与证据采信"，在刑民交叉案件管辖问题上，应加强对公安机关的侦查权控制、刑事民事诉讼的管辖法院尽量保持一致，以及构建刑民交叉案件管辖权异议制度。通过证明标准，实现证据对刑事案件的过滤机制。第三节"刑民交叉案件中的裁判冲突"，根据既判力理论，同一法律事实引起的同一贷款合同之下，合同诈骗罪与合同违约责任不能共存。其次，笔者对于刑事裁判对随后民事诉讼的效力以及民事裁判对随后刑事诉讼的事实证明效力予以重点分析。最后，笔者认为在民事诉讼赔偿问题的衔接上，刑事判项"责令退赔"对民事救济权产生实质影响。

（二）创新观点

1. 研究思路的创新

从实体到程序、从本体到运行的研究思路。目前学术界对刑民关系的研究大多偏重于对程序性审理模式、刑民交叉案件司法实务处理的研究，笔者试图跳出目前的研究范式，构建一种系统性的研究思路。

从宏观到微观。目前刑民关系已有的研究均偏重于刑民关系的宏观架构，笔者试图在现有研究成果基础上，使研究内容更加具体化，更加精密化和精细化。

2.研究内容的创新

对刑民实体关系的研究，笔者不求面面俱到，一应俱全，而是以法律行为为切入点，着眼于"占有、不法原因给付、自救行为，以及法律行为的无效与撤销"等具体刑民关系展开类型化分析。这种对刑民实体关系的法律行为类型化之比较，突破了以往的研究范畴，具有一定的挑战性。

第一章　刑民关系的基础理论

第一节　刑民关系的历史演进

一、合体发展：刑民关系的第一阶段

（一）法律体系与法典体例——概念法学理论争论的基点

传统观点一般以"诸法合体、民刑不分"这一模式来阐述古代法律的发展史。张晋藩教授是最早对这一观点提出修正的学者，他认为，中国古代法律体系具有"诸法并存，民刑有分"的特征，而中国古代法典结构却是"诸法合体，民刑不分"的^①。张晋藩教授"诸法并存、民刑有分"的结论是在肯定中国古代"民法"等部门法存在的基础上得出的，由此，这一论断突破了学界长期以来所形成的理论范式。本书并不想过多涉足这一问题的讨论，仅将这一问题作为对刑民关系探讨的背景式知识予以说明。

首先须明确一点，中国古代并没有部门法的概念，部门法的区分以及"民法"等概念源于近代西方大陆法系法律和法学体系，渊源于古罗马法学家乌尔比安的公、私法划分理念。清代沈家本改革时将"民法"这一西方法律概念引进。因此，"诸法合体、民刑不分"这一说法实际上是法律史学家以现代法学及概念体系为参照，来研究古代法律的结果。

① 张晋藩：《清代民法综论》，中国政法大学出版社，1998年，绪论第1—2页。

换言之，我们先预设了"部门法""民法"的概念，再以之为蓝本和参照系来检验古代法律，这不免会有潜藏某些前见思维的危险。但以当代既成的学科体系去研究远去的事物，相较而言便于理论体系的表达与构建，也便于廓清历史及制度的沿革与变迁。

张晋藩教授认为，"法律没有自己的历史，……法律仅仅是对社会生活的一种表达形式"①。据此，"中国的古代法律体系，同样是由刑法、行政法、民法、诉讼法、经济法等多种法律部门所构成的，是诸法并用、民刑有分的。"②编纂形式的诸法合体并没有改变实践中的诸法并用。③在这里，张晋藩教授实际上是主张法律规范所调整的社会关系的性质决定法律规范本身的性质，这实际上是现代法理学的观点。在《中国法律的传统与转型》一书中，从现代法理学的角度张晋藩教授进一步廓清了法律体系与法典编纂体例的界限。他指出，社会关系是形成法律体系的基础，具有客观性，而非主观意志的产物。而法典所采用的体例或结构形式，则是立法者主观决定的，并反映当时的立法水平。由此，"法典的体例与法律体系是完全不同的概念"④。

笔者认为，"民法"这一法律概念源自西方，是"中国古代没有的"，并不存在争议。⑤但就法律所调整相应社会关系的客观性而言，中国古代社会中的"固有民法"是客观存在的，这也是"民刑"存在"有分"的前提和可能。同时，从法律体系部门法的角度而言，古代中西方法律的部门法发育形态均不平衡。中国古代法典编纂体例及内容上具有"诸

---

① 转引自徐忠明：《思考与批判——解读中国法律文化》，法律出版社，2000年，第114页。

② 张晋藩：《清代民法综论》，中国政法大学出版社，1998年，前言第3页。

③ 张晋藩：《中国法制史发展概论》，《中国法学》1984年第2期，第124页。

④ 张晋藩：《中国法律的传统与近代转型》，北京大学出版社，1992年，第310—311页。

⑤ 徐忠明：《思考与批判——解读中国法律文化》，法律出版社，2000年，第108页。

法合体，民刑不分"的特点。

（二）中国古代法律的刑治主义

首先，在中国古代法典编纂体例和机构方面，我国古代法体现了刑治主义的特点。从律典编纂体例上，从战国时期李悝所著的《法经》到唐代的《永徽律》、宋代的《宋刑统》、明代的《大明律》、清代《大清律例》，中华法系保持"诸法合体、民刑不分、以刑为主"的法典体例长达 2300 多年。《法经》作为中国封建社会第一部成文法典，采用了诸法合体、以刑为主的体例，分为《盗法》《贼法》《囚法》《捕法》《杂法》《具法》六篇。其中，《盗法》《贼法》中仅掺杂了零星关于户婚钱债田土的法律规范，除此之外皆属于刑法规范。《秦律》六篇同《法经》，后汉承秦律，西汉的《九章律》在《法经》六篇后增订《户律》《兴律》《厩律》三篇，后三篇虽涉及户籍、赋税、徭役、畜产、仓库、驿产等民事规范但仍以刑为主。①

随后历代法典内容上均包含大量刑事法律规范自不待言，从刑民关系的角度出发，笔者以民法规范的发展为脉络展开探讨。

目前传世的《唐律疏议》在体例、篇目、条目等方面承袭隋代《开皇律》，共 30 卷，500 条。其中有两点需要说明，一是从唐律十二篇（名例、卫禁、职制、户婚、厩库、擅兴、斗讼、诈伪、杂律、捕亡、断狱）看，《唐律疏议》已经包含了诉讼法、行政法、民法、经济法、军事法、监狱法等诸多部门法规范，诸法合体的体例在唐代已经臻于定型。二是户婚、厩库两篇包含民事规范的内容，占全部规范的十分之一，民法规范有所增加。②

之后的《宋刑统》中有关调整民事法律关系的规范继续增多，其《户

----

① 参见夏新华、彭妍艳：《近代刑法观念的裂变：从诸法合体到刑法独立》，《辽宁公安司法干部管理学院学报》2007 年第 1 期，第 58 页。

② 参见夏新华、彭妍艳：《近代刑法观念的裂变：从诸法合体到刑法独立》，《辽宁公安司法干部管理学院学报》2007 年第 1 期，第 58 页。

婚律》关于"户绝资产"门、"死伤钱物"门、"婚田入务"门等均是宋代首创的民商事法律规范。杂律中关于契约的法律效力、质举财物的取息标准等规定也较之《唐律》规定更加翔实。同时，宋代民商法律规范还体现在编敕、编例、编定市舶条法中。宋代调整民商事法律关系的规范的显著增加反映了宋代经济、贸易发展的时代特征，如果说"刑民不分"是古代法典的特征，此时刑民合体发展的整体格局中，暗藏了刑、民独立的影子。

洪武二十二年的《大明律》一改前朝历代的编纂体例，按照名例、吏、户、礼、兵、刑、工七篇的结构展开。《大明律》共 460 条，其中《户律》为民法规范共 95 条，《刑律》为刑法规范共 171 条，虽然《户律》与《刑律》仍处于同一法典中，但从编纂体例上看刑法与民法各自独立，民法规范的独立地位与范围进一步扩大。民法规范的这一特点，不仅表现在法条数目上，还表现在调整范围上。《户律》的立法范围从唐代的户口、婚姻、田产扩大到了钱债、财经、税收、工商等诸方面，这说明当时的社会经济已经由传统的自然经济发展到部分出现工商契约经济的现象的阶段。①《大清律例》的内容仍充斥着大量定罪、量刑的规定，但其中民事规范已发展到八十多条律、三百多条例。

虽然随着经济的发展，我国古代民法规范经历了一个从少到多、从简单到复杂、从相对分散到相对集中、从民刑不分到出现民法独立化倾向的发展历程。但不可否认，从法典编纂体例看，国家基本法典采用了民法规范与刑法规范合一或者叫混编的体例和结构，民法始终没有从"以刑为主、诸法合体"的体例中独立出来。同时，这种编纂体例特征也影响了民法作为部门法的发育和完善以及独立体系的形成。在封建法律体系中，古代民法作为一个法律部门其发展形态始终是不平衡的，始终处于一种从属和次要的地位。

---

① 王瑞：《民商法在中国古代法中的地位和发展历程》，《河北法学》2012 年 6 月，第 104 页。

其次，从调整社会关系的方法看，中国古代对民事法律关系的调整和规范，多是以禁止性、惩罚性的刑罚手段表现出来。以唐代为例，《唐律·杂律》对于债的规定，"负债违契不偿，一匹以上，违二十日笞二十，二十日加一等，罪止杖六十；三十匹加二等；百匹又加三等。各令备偿"①。即，因借贷关系持有他人之财物超期不还的，处以笞刑。同时，《杂律》中关于"食官私田园瓜果"（偷吃果园瓜果）、"得阑遗物不送官"（不当得利），以及家庭、婚姻、金钱纠纷的规定，均以刑罚方法处理。宋、明、清各朝亦沿袭这样的传统。《宋刑统·杂律》对于动产处分的规定，"诸买奴婢、马牛驼骡驴，已过价，不立市卷，过三日，笞三十；卖者减一等"②。《大明律·户律》对于家庭关系的规定，"凡祖父母、父母在，儿子孙别立户籍，分异财产者，同居卑幼不由尊长，私擅用本家财物者，均处二十贯笞二十，罪止杖一百"③。《大清律例·户律》关于借款利率的规定，"每月取利不得超过三分，年月虽多，不过一本一利；违者，笞四十，以余利计赃，重者坐赃论，罪止杖一百"④。

瞿同祖先生认为，"唐、宋、元、明、清律，主要是刑法、诉讼法，及行政法，都属于公法范围，民法很少……律例中即使属于民事性质，违反规定者笞、杖、徒、流处分，与刑事犯罪无所区别"⑤。这里，瞿同祖先生的论述实际上隐含了调整内容与调整方法的区分。瞿同祖先生所说"民法很少"，是从调整的社会关系的内容而言，属于民法范畴；同时这些"属于民事性质"的律例，其调整方法与刑事犯罪相同，均采用刑罚方法，即民事制裁泛刑罚化的现象。

对于这一刑罚泛化的现象，学界有观点认为，这些规范与其说是民

---

① 刘俊文点校：《唐律疏议·杂律》，中国政法大学出版社，1999年，第398页。
② 张晋藩：《中华法制文明的演进》，中国政法大学出版社，1999年，第344页。
③ 张晋藩：《中华法制文明的演进》，中国政法大学出版社，1999年，第499页。
④ 张晋藩：《中华法制史》，中国政法大学出版社，2002年，第262页。
⑤ 瞿同祖：《瞿同祖法学论著集·法律在中国社会中的作用》，中国政法大学出版社，1998年，第402页。

法，不如说是刑法，因为调整手段是民法与刑法区分的关键所在。笔者认为，按照现代部门法划分理论，法律调整的方式、方法的确是刑法与其他部门法的根本区别。但问题的关键是，刑法作为补充性、二次规范，需要民法及其他部门法对一般违法行为进行前期调整或者说第一次规范。只有其不法程度超过了一般违法之上的性质严重、情节恶劣者，才由刑法调整。即现代刑法观中，犯罪仅是不法的一小部分，最严重的违法行为才构成犯罪；同样，刑罚仅是法律制裁手段的一种，最严厉的制裁方法才是刑罚。但是古代的罪、刑概念与现代刑法中的罪、刑概念是有所区别的。即在古代法中，犯罪之外没有不法的概念，刑罚之外也没有其他制裁措施。正如"律以正刑定罪，令以设范立制"，"违令有罪则入刑"，违法就是犯罪，犯罪就采取刑事制裁措施。由此，从应然层面，古代历朝主要法典应当包含本应规范在现代法律体系各部门法中的一切适法与不法行为，也应包含各种行为模式相对应的法律责任类型及其实现方式。但实然层面，除刑罚之外的制裁方法的萎缩或缺失必然导致国家"以统一的刑法手段调整各种社会关系"①，这其中也包括民事关系。

（三）古代西方法律

从律典编纂体例的历史演进来看，"诸法合体、民刑不分"是世界古代社会法典编纂体例上共有的一个特点。从世界古代社会看，古代西亚《汉谟拉比法典》，其除了序言和结语外共 263 条，包括刑法、民法、婚姻法、诉讼法等部门法内容。其中刑法内容 229 条，第 36 条、37 条规定了民法的内容。北亚俄罗斯最早的法律汇编《罗斯法典》也是诸法合体，此法典第 21 条之规定为刑法内容，第 52 条关于"借贷的合法利息额"之规定为民法内容，第 30 条规定了诉讼法内容。② 欧洲公元前 5 世纪古希腊《各地那法典》、罗马《十二铜表法》在法典体例上同样采诸

---

① 高汉成：《也谈中国古代律典的性质和体例——以〈唐律疏议〉和〈大清律例〉为中心》，《上海交通大学学报》2003 年第 5 期，第 29 页。

② 王铖：《〈罗斯法典〉译注》，兰州大学出版社，1987 年，第 23—84 页。

法合体的编纂形式，即使是《查士丁尼民法大全》，除主体部分的罗马私法外，仍含有部分公法规范，并没有摆脱诸法合体的窠臼。之后日耳曼民族在公元 7 世纪编纂的《伦巴德法典》，同样保持着多种部门法混为一体的状况。①

中世纪后期，虽零星出现法典的专门化编纂，但诸法合体的编纂结构并未根本改变，以至于 1794 年的《普鲁士民法典》中有近 9 篇内容是关于宪法、刑法、行政法的规定。② 实际上，"诸法合体、刑民不分"的体例是近代以前的世界各国或地区通行的，正如李祖荫先生指出的，"古代法律大都是诸法合体，并没有什么民法、刑法的分别，中国古代是这样，外国古代也是这样"③。

值得注意的是，与古代东方刑治主义传统不同的是，罗马法表现出民法化的特点，我们现在所说的罗马法一般指罗马私法。罗马法民法化的特点体现在两个方面：一是法典编纂上民法的发达；二是罗马法中的私犯以及诉讼法均属于私法范畴。

罗马法民法化特点之一，法典编纂上民法的发达主要表现为以下几个方面：

首先，从法典编纂体例看，罗马第一部成文法《十二铜表法》包含了诸多私法内容，第四表之"家长权"、第五表之"继承与监护"、第六表之"所有权与占有"、第七表之"土地与房屋"、第八表之"私犯"、第十一表之"婚姻"皆属于民法内容。仅第九表为"公法"，且内容相当繁杂，其中包括关于权力分配的宪法内容，犯罪与刑罚的刑法内容以及诉讼程序内容。④ 其次，从罗马法的体系结构看，《法学阶梯》中，盖尤斯将罗马私法分为人法、物法和诉讼法三部分，其中物法又包括物权

---

① 参考王立民：《也论中华法系》，《华东政法学院学报》2001 年第 5 期，第 6—8 页。

② 由嵘：《外国法制史》，北京大学出版社，1992 年，第 150 页。

③ [英] 梅因：《古代法》，沈景一译，商务印书馆，1959 年，小引。

④ 参见何勤华主编：《外国法制史》（第四版），法律出版社，2006 年，第 62 页。

法、债法和继承法，西方传统法律体系包括人法、物法、债法和程序法四部分。再次，罗马法学家在尊重古希腊自然法的基础上，提炼出了罗马民法的基本原则：诚实信用、契约自由、法律面前人人平等以及私权不受侵犯原则，并体现在罗马民法各个部分。最后，从内容而言，在东罗马帝国皇帝查士丁尼时期，完成了包括《法学阶梯》《学说汇纂》《查士丁尼心律》以及《查士丁尼法典》的法典编纂工作，统称为《查士丁尼民法大全》。这样自《十二铜表法》至《查士丁尼民法大全》，罗马法经历了几个世纪的发展，终于形成了古代世界最完备的民法体系，成为"商品生产者社会的第一个世界性法律"[①]。

罗马法民法化特点之二，罗马民法对本应属于公法调整的犯罪行为私法化，即通过惩罚性补偿的手段解决严重的不法——犯罪问题。关于私犯的规定或曰"伤害法"在《十二铜表法》的第 8 表，罗马法中的私犯指过失或故意侵害他人权利的行为，《法学阶梯》中将私犯分为四类：盗窃、抢劫、损害（财产损害）和侵辱（人身损害）。[②] 显然，在这里，罗马法将现代法律体系中属于刑事犯罪的盗窃、抢劫以及严重侵害人身、财产的不法行为纳入民法范畴。在责任形式上，规定惩罚性赔偿，例如对于盗窃和抢劫行为，不法侵害人需要分别赔付实际损失之两倍与四倍的赔偿金。[③] 对于惩罚性赔偿这种责任形式的性质，罗马法学家保罗在其《敕令集》12 卷中予以明确说明，"众所周知的是，我们只在一个人力图恢复其被损害的财产时，为其提供返还至救济途径，而如果他是为了从对另一个人的惩罚或者强加给另一个人的损失中获益，则不得

---

① 《马克思恩格斯全集》（第 21 卷），人民出版社，1965 年，第 346 页。

② [意] 彼德罗·彭梵得：《罗马法教科书》（2005 年修订版），黄风译，中国政法大学出版社，2005 年，第 307 页。

③ 参见 [意] 彼德罗·彭梵得：《罗马法教科书》（2005 年修订版），黄风译，中国政法大学出版社，2005 年，第 308—309 页。

支持"①。因此，这种责任形式更多带有补偿性而非惩罚性，是一种民事制裁方法。惩罚性赔偿机制使得罗马民法越出了自己的私法领域，以实现修复社会秩序、维护公共安全的目的。罗马刑法经历了王政时期、共和时期以及帝政时期一千多年，虽然取得了局部理论的丰富，但因其调整对象基本上是关于私人事务，也只在民法周围发展，相对于宏达、完整的民法理论，罗马法学家并未对犯罪与刑罚为内容的刑法构建起系统、完整的体系。同时，在合体发展的编纂体例之下，罗马法学家认为民事诉讼是为私人利益，把诉讼法纳入私法范畴。

二、泾渭分明：刑民关系的二元格局

（一）市民社会与政治国家的分离

市民社会与政治国家既是一对历史的概念，也是一对分析的范畴。从分析范畴意义而言，市民社会与政治国家关系格局的变化，必然使得法律体系的配置格局发生与之相应的变化。在马克思关于市民社会与政治国家理论中，其指出市民社会的发展与成熟导致了其与政治国家的历史性分离，并为公私法的划分提供了社会条件，从而促使公、私法的划分从理论走向法律实践，形成了近代二元法律体系。在此背景下，代表公、私法两大阵营的刑法、民法，也从合体发展走向独立的法典编纂运动。

作为一种理论体系的市民社会，根据其发展线索，市民社会（Civil Society）这一术语的使用最早可追溯到古希腊罗马时代。在西方不同的历史发展阶段，市民社会的含义也经历了古典市民社会、社会契约论者的市民社会、现代市民社会、当代市民社会的理论变迁。市民社会这一术语可以追溯至古希腊罗马时期。古罗马政治理论家西塞罗认为，市民社会"不仅指单一国家，而且也指业已发达到出现城市的文明政治共同

---

① 转引自余艺：《惩罚性赔偿研究》，西南政法大学 2008 年刑法学博士论文，第 27 页。

体的生活状况"①。由此，市民社会是一种区别于野蛮、未开化的自然状态和原始部落生活的文明社会。至近代，社会契约论者认为，自然状态与市民社会是人类发展的前后两个阶段，市民社会本质上等同于国家。自然法哲学家洛克作为承前启后的人物，首先模糊意识到国家与社会的不同，但洛克所使用的市民社会概念并未完全与国家分离。因此，这一阶段，市民社会与政治国家是高度融合的，这一融合状况也是前资本主义时期国家权力高度政治化这一历史状况的直接反映。古典哲学家黑格尔第一次系统阐述现代意义上的市民社会理论，他认为，市民社会是独立于政治国家的"私人自治"领域，是介于家庭与国家之间的"中介的基地"②，由此，市民社会从与自然状态相对立的概念，转向为与自然社会（家庭）和政治社会（国家）相对立的概念。马克思进一步完善了市民社会理论，他认为，市民社会决定国家，是"社会经济关系的基础和核心"③。现代市民社会理论以分离为前提而产生，这种分离同样也是对资本主义时代政治关系与经济关系分离的反映。此后，当代市民社会理论有了新的发展，并将其拓展到文化领域。概言之，市民社会理论随着时代的变迁经历了理论的变迁。

作为实际存在的市民社会本身的发展先于市民社会理论的出现，它与出现私权观念的人类社会共始终。马克思认为，逻辑上，自从私人利益和阶级利益分化后，社会就分裂为市民社会与政治国家；而现实中实际分离的确立是在资本主义时代。也就是说，市民社会的发展存在一个过程。在古罗马时代，城邦国家与市民社会保持高度的同一和重合，此时，公私法的界限相当模糊，代表性的《十二铜表法》合体发展、公法规范与私法规范熔为一炉。随着商品经济的萌芽和逐步发展，市民社会

---

① [英]约翰·米勒、韦农·波格丹诺：《布莱克维尔政治学百科全书》，邓正来译，中国政法大学出版社，1992年，第125页。

② [德]黑格尔：《法哲学原理》，范扬、张企泰译，商务印书馆，1996年，第197页。

③ 赵万一：《商法基本问题研究》，法律出版社，2002年，第7页。

在强大的政治国家的束缚下获得了自己的生存空间。相应的，在公元 3 世纪，市民法与万民法实现了融合与统一，公元 6 世纪至公元 12 世纪《查士丁尼民法大全》编纂完成。虽然此时罗马私法获得了长足发展，但因简单的商品经济关系所开拓的市民社会空间始终无法抗衡强大的政治国家，罗马民法的独立性地位并不凸显。

14、15 世纪，资本主义在西方世界获得了长足发展，新兴城市的兴起以及城市自治权的发展，商人为主体的市民阶层迅速崛起，为市民社会的生长提供了空间。资产阶级革命胜利后，为避免政治国家对私人活动领域的干预，占统治地位的资产阶级进行法典编纂运动，构建了一套完备的法律体系以限制国家权力，从而实现了政治国家与市民社会完全分离的格局。

市民社会与政治国家的分离，使得法律体系的配置格局也相应发生变化，民法的大踏步发展正是市民社会财产关系、人身关系的法律体现。"社会分工、身份独立、交换自由"[1]是资本主义发展商品经济的三大基本法权要求，与民法中"权利主体制度、所有权制度和契约制度"相契合。

首先，从权利主体制度看。马克思认为，商品经济的主要内容是交换，但"商品不能自己到市场去，不能自己去换。因此，我们必须找寻它的监护人，商品的所有者。"[2]因此，保障商品监护人自由、平等交换商品成为市民社会的法律诉求，而民法权利主体制度的规定则与之相适应。例如，《法国民法典》规定："所有法国人均享有私权。"1804 年《德国民法典》中对自然人制度、法人制度等做了详细规定，权利主体制度被第一次系统建立。其次，民法中所有权制度的确立是市民社会商品经济关系复杂化的反映。罗马法首先确立了所有权理论，随着经济交往形

---

① 刘萍:《民法与市民社会关系研究——兼论我国市民社会的建构对民法的影响》，兰州大学 2011 年民商法学硕士论文，第 16 页。

② 《马克思恩格斯全集》(第 23 卷)，人民出版社，1975 年，第 479 页。

式的复杂化，民法又逐步确立了所有权与其权能分离、他物权制度、占有与所有分离等制度。最后，民法中契约制度的形成充分反映了商品交换的需要，为实现市民社会关系的顺畅和有序，民法势必需要维护自由、平等的交换制度。同时，财产责任是其主要责任形式。经济交往是市民社会主要生活内容，对于违反了市场经济准则的人，在不允许公权力介入的前提下，通过财产的转移对其实施惩罚，便成为最理性的选择。可见，民法内生于市民社会，是市民社会内在规则的发现和表达，正是市民社会的发展变化催生了民法制度的成长和丰富。

市民社会产生政治国家，但权力的运作往往与其产生初衷背离，为防止权力滥用，市民社会需要通过采用种种手段制约国家权力；同时，市民社会以追求私人利益的最大化为最高价值，为了防止极端的个人追求利益的最大化造成社会关系的摩擦或破坏，政治国家也需要调控手段以维护社会秩序的正当存在。而公法的本质是调整和配置公权力。刑法作为规定犯罪与刑事责任的法律，也从古罗马诸法合体的模式中分离出来，在近代形成了独立的法律部门。

在市民社会与政治国家分离的社会背景下，刑民关系的二元格局是通过19世纪大陆法系国家法典化编纂活动实现的。法国首先拉开了法典编纂的序幕，继1804年《法国民法典》后，拿破仑先后主持制定了《新民事诉讼法典》《商法典》《刑法典》和《刑事诉讼法典》；德国废除了18世纪早期《普鲁士邦法》公私混合的编纂体例，分别于1862年制定《德国统一商法典》、1871年《德国刑法典》、1877年《民事诉讼法典》《刑事诉讼法典》、1896年《德国民法典》。由此，市民社会与政治国家的分离实现了法律的区分，并通过法典化编纂运动形成了刑民关系的二元格局。

与大陆法系国家相比，在市民社会与政治国家的关系上，东方国家呈现出了迥然不同的发展道路。在以农耕为主导的古代"东方专制主义"传统下，国家从社会产生之初便反过来侵吞了社会，形成了国家与社会

"总合统一体"①的局面。值得说明的是，这种"东方专制主义"的传统并不是我国封建社会特有，古代印度、波斯、土耳其、阿拉伯等国家和地区均存在这一现象。明朝末年随着商品经济、对外贸易的繁荣，中国社会中的市民阶层才得以出现。两次鸦片战争打开了中国的大门，客观推动了近代民族工业的发展、城市的出现与繁荣、市民阶层的壮大与结构的多样性，市民社会新的因素开始增长，市民社会与国家的分离才提上日程。易言之，中国早期的现代化进程起步较晚，并且未完成从量的积累到质的飞跃这一过程。直到 20 世纪初期，因受到内外因素的影响，清政府被迫变法修律。1911 年起草的《大清民律草案》开启了中国固有法制向近现代法制变革的端倪，1911 年颁行的《大清新刑律》是中国近代第一部刑法典。至此，刑民分立的二元关系才真正确立。

如果说，在西方，作为内生型法治生成模式，"法律通常是尾随着社会的变化而变化"②，以法典编纂活动为表现形式的刑民法分立格局是内生于社会的发现和表达，是仰仗商品经济的内在发育和内在要求的时代推动，那么，近代中国却情况迥异，刑民关系的二元分立一定程度上超越了近代中国社会发展进程，是对西方法律移植的结果。

（二）公法与私法的划分

国家与社会的关系决定着对人类有重大影响的思想的产生，决定着对人类有重大影响的制度的确立。③古罗马法学家乌尔比安在《学说汇纂》中写道："公法见之于宗教事务、宗教机构和国家管理机构之中。公法有关罗马国家的稳定，私法涉及个人的福利。"④这是法学史上首次对公私法进行划分的论述。之后，《查士丁尼法学总论》将此确定为正式

---

① 马长山:《西方法治产生的深层次根源、当代挑战及其启示——对国家与市民社会关系视角的重新审视》,《法律科学》2001 年第 6 期, 第 15 页。

② http://www.chinalawedu.com/web/170/wa20131216092339550477615.shtml

③ 齐延平:《人权与法治》, 山东人民出版社, 2003 年, 第 253 页。

④ [意] 彼得罗·彭梵德:《罗马法教科书》, 黄风译, 中国政法大学出版社, 1992年, 第 9 页。

的法律分类。严格意义上讲，这一关于公私法的划分仅具有概念意义，不具有实践意义。作为法律体系基本结构的公私法的二元分立是在古典自然法学家提出公私法划分之后，在自由资本主义时代政治国家与市民社会分离的基础上实现的。

刑法与民法从合体发展到二元分立，伴随着公私法划分的历史。古罗马时期虽然提出了公私法的划分，但在诸法合体的体例特质下，罗马民法不仅调整一般民事法律关系，同时将现代法律体系中属于刑事犯罪的行为，例如盗窃、抢劫以及侮辱行为纳入民法中的"不法"范畴，即私犯，责任形式为惩罚性赔偿。由此，罗马民法不仅实现了私法目的，而且凭此实现某些秩序调控与公共安全维护目的。反观罗马刑法，徘徊在民法周围，"基本上似乎是有关私人的事务，刑法实际上从未成为'公法部分'"①。这一时期，古罗马时期的公私法划分仅具有概念性的意义。

中世纪西欧，市民社会被弥漫的神学以及政治国家氛围所吞没，注释法学家们也只是专注于罗马私法的复兴工作，很少涉及刑法部分。正如梅里曼所言，"欧洲公法的指导精神以及表现这种精神的许多概念和制度起源于近代，并不根源于罗马或中世纪的历史中"②。17至18世纪，受自然法思想的影响，刑法才开始走向发展的道路。18世纪以后，公法与私法真正实现二元对立。一定意义上，大陆法系国家，包括刑法在内的公法的发展史就是公、私法从合体发展到二元分立的历史。

在公、私法分立的背景下，刑、民关系出现了泾渭分明的二元格局，具体表现在：

第一，学理层面，明确提出了法律体系分类理论。以大陆法系为代表的法国为例，法国法理学教科书将民法、商法划分为公法，将刑法、行政法等划入公法的范畴。第二，立法层面，依据法律体系分类理论，

① 沈宗灵：《比较法研究》，北京大学出版社，1987年，第95页。
② [美]梅里曼：《大陆法系》，美国斯坦福大学出版社，1985年，第14页。转引自沈宗灵：《比较法研究》，北京大学出版社，1987年，第80页。

大陆法系国家在 19 世纪的法典编纂中实现了刑、民法典独立的结构。第三，司法层面，实现了刑、民案件分别受理的实质分野。在法院机构设置上，根据不同的案由或性质划分司法管辖辖区或法庭，审理专类的案件。刑事、民事案件分属于各自的法庭或司法管辖区。

三、分界融合：刑民关系的发展趋势

"西方法律传统像整个西方文明一样，在 20 世纪正经历着前所未有的危机……在这危机中，我们整个的法律传统都受到挑战。"[①]伯尔曼所言的这一"危机"主要指公、私法分类以及部门法在性质上分属于公法或私法这种泾渭分明的分类传统理论受到质疑。

（一）法律的社会化运动

20 世纪，资本主义由自由资本主义走向垄断阶段，经济发展导致利益的多元化和复杂性，使得一系列社会矛盾和公共问题不可避免地出现，由此，亟须政府对市场和社会的监管力度。在这一背景下，法律的社会化运动以及法社会学思潮兴起。

所谓法律社会化运动，是资本主义国家调整法律原则和政策，"法的重心从个人利益向社会利益转变、法的本位从个人本位向社会本位转变"[②]。"法律的社会化"这一术语最初由社会学家罗斯科.庞德提出，他认为法律的社会化作为法以社会为本位的发展趋势这一法律现象，是法律史发展的第五个阶段。[③]与法律社会化运动紧密相连的是法社会学思潮的推动。法社会学派以法律的社会化为主要研究对象，其认为"法律的社会功能乃是实现社会连带"[④]，主张公法应在一定程度上介入私法领

---

① [德] 伯尔曼：《法律与革命——西方法律传统的形成》，贺卫方译，法律出版社，2008 年，第 38—39 页。

② 薄振峰：《当代西方综合法学思潮》，法律出版社，2005 年，第 50 页。

③ 罗大华：《法制心理学词典》，群众出版社，1989 年，第 301—302 页。

④ [美] 博登海默：《法理学：法律哲学与法律方法》，邓正来译，中国政法大学出版社，1999 年，第 183 页。

域。在社会法学的兴起与推动下，以国家利益为本位的公法和以私人利益为本位的私法打破樊笼和边界，并在二元格局下实现融合。

从历史的角度看，在表现形式上，从私法出发，法律的社会化运动很大程度上是以突破自由资本主义时期私法所奉行的"私法自治"为途径的，即私法的公法化；从公法出发，法律的社会化运动不仅体现出公权力运作方式的转变，更重要的是因社会结构的变化而来的社会组织观念上由"统治"向"治理"的转变。[①]

私法公法化与公法私法化是一个表达法律社会化的法律形式的概念。由此，公法与私法的融合一定意义上也是顺应法律的社会化发展需求而产生的。

（二）公法与私法的融合

公、私法的关系伴随着公、私法的划分产生，同时公、私法关系的发展演变取决于经济、政治、社会等因素的变化。在法律社会化运动及法社会学的推动下，公、私法的融合主要表现为公法与私法二元分立基础上公法私法化和私法公法化现象。

私法公法化现象是 20 世纪以来，传统公、私法二元分立格局从近代社会向现代社会转变中出现的一种新趋势，是公私法相互渗透、融合的表现之一。

美浓部达吉指出，私法公法化系"依据国家权力而行的经济生活之调整，不单为调整个人相互间的法律关系之秩序，且直接使该项法律关系成为个人与国家间关系的场合。"[②]1966 年学者梅里曼在《意大利法Ⅱ》一书中提出了"私法公法化"，他认为，20 世纪个人本位已经被社会本位所取代，政府的作用远远超出了最初的设想，并由此，个人私权自治

① ［美］莱斯特·撒拉蒙：《第三域的兴起》，节选自李亚平、于海：《第三域的兴起——西方志愿工作即志愿组织理论文选教材》，复旦大学出版社，1998 年，第 6—27 页。

② ［日］美浓部达吉：《公法与私法》，黄冯明译，中国政法大学出版社，2003 年，第 234—235 页。

的范围受到限制。① 在《法律分类的历史回顾》一文中,沈宗灵教授首先提出了私法公法化。他指出,私法公法化,实际上就是一些学者经常提出的公法对私法的"吸收""渗透""改造""融合"等法律现象。②

私法公法化指的是这样一种现象:20世纪后资本主义进入垄断阶段,由亚当·斯密所提倡的自由放任主义逐步被以凯恩斯为代表的国家干预主义所代替,资本主义经济、政治生活受到国家的全面干预,进而私法自治的范围和程度受到了公法原则的限制和修正。私法公法化中,这里的"私法"是指法律调整的范围和领域,"公法化"是指法律的调整方法和手段,即以国家的强制手段调整市民社会的法律关系。

就民法而言,私法公法化主要表现在自由资本主义民法三大基本原则的变化:从绝对的所有权到所有权的社会化;从绝对的契约自由到契约自由受到限制;从过错责任原则到无过错责任原则。③ 我国民事立法中,《消费者权益保护法》等民事部门法中强行性规则的大量扩增、《侵权行为法》中惩罚性赔偿制度④的引入、《物权法》中物权法定原则的确立、对行政机关积极义务的设定⑤等,均是在当代私法公法化这一现象的表现形式。

所谓公法私法化,是指私法的平等协商、互利合作的契约精神向公

---

① 转引自田喜清:《反思私法与公法的划分——以私法公法化为视角》,《朝阳法律评论》2014年第1期,第227页。

② 沈宗灵:《法律分类的历史回顾》,《法学》1985年第6期。第9页。

③ 参见钟瑞友:《对立与合作——公私法关系的历史展开与现代抉择》,《公法研究》2009年第20卷,第59页。

④ 《中华人民共和国侵权责任法》第四十七条规定:明知产品存在缺陷仍然生产、销售,造成他人死亡或者健康严重损害的,被侵权人有权请求相应的惩罚性赔偿。这是我国民事立法中明确规定的惩罚性赔偿制度。惩罚性赔偿制度不仅具有补偿功能,而且还具有惩罚与遏制功能。

⑤ 例如《物权法》第四十三条规定,为了保护耕地而限制土地用途变更;第八十九条规定,为了保护相邻权而限制不动产的使用权;第一百二十条规定,为了保护和合理开发自然资源而限制用益物权。

法领域渗透，在传统的公法领域中引入了私法手段。[①] 在这里，"公法"系调整对象，"私法化"指调整方法或手段。值得说明的是，公法私法化出现较晚，在国家干预加强的实践出现了一系列问题之后，公法私法化是对一系列问题进行反思、调整的产物。法律社会化运动侧重于体现公权力干预范围的扩张、即"私法公法化"过程中公法的膨胀与扩张。相较而言，"公法私法化""更多是出于效率、法律适用上的合理性等'工具理性'的考量"。[②] 从这一意义而言，公法私法化与法律社会化运动之间的关联相对比较松散。

在刑法领域，公法私法化这一法律现象主要表现为：英美法系国家刑事诉讼法中有条件的采用辩诉交易制度。我国《刑事诉讼法》规定的刑事和解机制以及相对不起诉的适用条件[③]；被害人同意阻却违法的刑事立法[④]；刑事责任实现方式的转变，以赔偿损失为内容的非刑罚方法[⑤] 的处理。这一系列表现说明刑法为了更好实现功能和目标，成功借鉴和吸收私法之精髓，符合现代刑法的发展需要。同时，在私法融合这种背景下，公法私法化给传统的公法领域尤其是刑法领域带来了相当程度的影响，一些新型法律关系、法律问题横亘在刑法、民法领域，"很难再用

---

① 徐安住、史明宇：《环境刑法司法化——环境法及法理变迁视角的判断》，《刑法论丛》2010年第2卷，第216页。

② 于柏华：《"公私法混合"、"公法私法化"与"私法公法化"之辨析》，《黑龙江省政法管理干部学院学报》2010年第1期，第20页。

③ 在一定范围内，立法允许犯罪嫌疑人、被告人通过认罪、悔过、赔礼道歉和赔偿损失等方式，弥补其犯罪行为所造成的危害从而换取较轻刑罚。同时，立法以一种相对柔和的方式，通过创设考验期，有条件地要求犯罪嫌疑人在一定考验期限内履行相应的义务，并视其在考验期限内的具体表现决定是否提起公诉。

④ 《刑法》规定，某些犯罪构成要件的成立以没有得到被害人的承诺，也就是违反被害人的意思为前提，例如非法侵入住宅罪。

⑤ 《刑法》第三十七条规定，对于免予刑事处罚的行为人予以训诫，责令具结悔过、赔礼道歉、赔偿损失等。

纯粹的公或私加以定性"①。

公法私法化、私法公法化是社会发展对私法和公法如何更好地规范和保护社会而提出的更高要求。也是随着国家进步与社会变迁，"法律体系、法律原则、法律制度发展演变到一定历史阶段的产物"②。它使得公法、私法在实现权力与权利的总体平衡这一最终目标上殊途同归。值得注意的是，刑法与民法固然存在不容忽视的融合的一面，但刑法与民法的二元分立格局仍然是基本的。刑民关系的融合并不是对传统刑民二元分立格局的简单否定，当代刑民关系的主流仍是二元格局状态，由此，这一融合是在二元分立前提下的局部融合，即分立之中的融合，这是笔者对当代刑民关系的解读。在这一意义上，研究刑民关系，应当首先承认并坚守刑法的独立性，整合刑民关系的各类资源，把刑民关系的研讨引向纵深领域。

第二节　刑民关系的基本理论

一、部门法划分标准之争——刑民界分的标准

以《法国民法典》为标志，大陆法系首先开启了法律部门划分的先河。受罗马法传统的影响，大陆法系以法律调整社会关系的主体为标准，以公法与私法的划分作为法律最基础的分类方法，并在近代法治发展中追求法典化编纂。由此，大陆法系中部门法的划分是在法的分类的论题下进行的③。

与此不同，苏联和我国法理学界认为，部门法的划分属于法律体系

---

① 转引自杨寅：《公私法的汇合与行政法的演进》，《中国法学》2004 年第 2 期，第 39 页。

② 田喜清：《反思公法与私法的划分——以私法公法化为视角》，《朝阳法律评论》2013 年第 1 期，第 231 页。

③ 参见吴大英、沈宗灵主编：《中国社会主义法律基本理论》，法律出版社，1987 年，第 229 页。

之下的范畴。法律体系是指一个国家全部现行法律规范分类组合为不同的法律部门而形成的有机联系的统一整体。[①] 由此，法律规范作为法的基本要素，依据一定的标准和原则的同类法律规范构成一个法律部门，多个法律部门有机联系构成一个法律体系。苏联社会主义革命成功后，开始否认私法的存在，进而否认公、私法这一划分标准。苏联法学家M.A.阿尔扎诺夫首先提出以法律调整对象为标准的部门法划分理论，作为弥补法律调整对象这一标准的不足，C.H.柏拉图西提出以法律的调整方法作为法律部门的划分标准之一。[②] 至 1956 年，以调整对象为主、以调整方法为辅的部门法划分理论在苏联法学界达成共识。作为部门法划分的传统学说，新中国的部门法划分理论直接受苏联模式的影响，并坚持主、辅标准说。

目前，我国部门法划分标准主要有以下学说：

"主、辅标准说"。沈宗灵教授认为，部门法划分的首要标准是法律调整的社会关系种类，第二标准是法律调整的机制 [③]，并得到陈金钊、卢云等教授的支持。这是一种传统部门法划分理论。

"唯一标准说"。该说认为应以单一的调整对象作为部门法划分的标准。

"综合标准说"。李昌麒教授主张以"公私法划分"、调整对象、法律专业化分工、法律部门的协调发展等四方面划分部门法。[④]

"利益说"。程宝山教授认为，"划分部门法的实质标准是利益"[⑤]，叶必丰、王春生等教授也持此观点。

"法的根本价值说"。颜运秋教授认为，法的根本价值取向，是划分

---

① 《中国大百科全书·法学》，中国大百科全书出版社，1984 年，第 84 页。

② 史际春、邓峰：《经济法总论》，法律出版社，2004 年，第 113 页。

③ 沈宗灵：《法理学》，北京大学出版社，2000 年，第 3—4 页。

④ 参见李昌麒：《经济法学》，法律出版社，2007 年，第 98—102 页。

⑤ 程宝山：《划分部门法传统标准的经济法思考》，《郑州大学学报（哲社版）》2008 年第 4 期，第 59 页。

经济法与其他部门法的界限。[①]

除此之外，有学者提出以"法律演进与法律本质属性"[②]为标准重构部门法划分标准，并证明职业安全卫生法作为独立部门法的地位；有学者提出"多次多维立体层面式"[③]的部门法划分理论及方法；以及以"社会关系被法律调整之后所形成的权利义务之性质"[④]为标准，说明科技法的独立部门法地位。

笔者认为，相对于传统主、辅部门法划分理论，新的部门法划分标准大都是部门法学者立足于各自部门法的特点，为了证成该部门法的独立性，进而创造新的理论模式，如经济法、环境与资源保护法、职业安全卫生法、军事法等新型法律部门的独立性问题。不可否认，囿于苏联部门法划分模式，传统部门法划分理论确实存在不合逻辑及其他流弊，但问题是，目前尚未出现系统、深刻批判传统部门法划分理论的学术著作问世，更缺乏一套可以超越主辅标准说、并获得法学界广泛认同的法律体系分类标准。同时，部门法划分具有"历时性"，法律的演进与发展随时间推移，受社会政治经济条件决定，而法律部门的划分路径总是以现存、既有的法律规范为基点，进行回溯性的描述。

立足于刑民关系的考察，"主、辅标准说"的初衷，正是立足于刑法规范、兼顾刑法的部门法地位而提出的。刑法作为一个独立的法律部门毋庸置疑，但与此同时，刑法学界围绕"刑法有无独立的调整对象"长期争论，并成为国内外刑法学理论争议的焦点。目前，刑法学界通常认

---

① 颜运秋：《论经济法的根本价值取向及其实现》，《法商研究》1999 年第 4 期，第 71 页。

② 张美玲、谭可金：《部门法划分理论刍议——兼论职业安全卫生法部门法归属》，《西部法学评论》2014 年第 2 期，第 43 页。

③ 何文杰：《多次多维立体层面式的部门法划分方法及其运用》，《云南大学学报（法学版）》2014 年第 3 期，第 14 页。

④ 牛忠志：《论科技法在我国法律体系中的部门法地位——兼论传统法律部门划分标准的与时俱进理解》，《科技与法律》2007 年第 69 期。

为刑法没有独立的调整对象。在此，本书的重点不在于论述刑法有无独立的调整对象，而在于重点说明，从实然角度看，刑法作为独立的法律部门，其调整的社会关系的性质是什么，进而与民法产生交叉的深层次原因是什么。

二、刑法的调整对象之争——刑法具有独立的调整对象吗?

所谓调整对象，是指法律规范所调整的社会关系。法以调整一定的社会关系为内容，刑法自不例外。虽然刑法通说认为刑法没有特定的调整对象，但与此同时，中外学者又对刑法调整的社会关系的性质作出了各自的判断。

调整手段说认为，以刑法调整的社会关系的性质为主要标准，以调整方法作为辅助标准确定法律部门的划分。刑法是以特定的调整方法——刑事制裁措施——使其成为独立的法律部门。该说也是国内外刑法学界公认的学说。赵秉志教授认为，"刑法不以调整特定的社会关系为调整对象，而是以特定的调整方法使它与其他部门法区别开来。"① 社会学家涂尔干也提出根据制裁措施划分法律的观点。他指出，制裁可分为两类：第一类称为压制性制裁，其建立在痛苦、损失、剥夺的基础之上；第二类称为恢复性制裁，其目的在于拨乱反正、恢复关系。两种内容的制裁措施分别对应压制性法律和恢复性法律。刑法属于前者，民商法、诉讼法属于后者。②

广泛的社会关系说认为，"凡是涉及到统治阶级利益的重要的社会关系，刑法都要予以保护"③。易言之，刑法具有二次规范性、从属性，所有其他部门法的调整对象，同时均需纳入刑法保护和调整的范围。

---

① 赵秉志、吴振兴主编:《刑法学通论》，高等教育出版社，1993 年，第 13 页。
② [法]埃米尔·涂尔干:《社会分工论》，渠东译，生活·读书·新知三联书社，2000 年，第 31—32 页。转引自葛洪义:《法律与理性——法的现代性问题解读》，法律出版社，2001 年，第 103 页。
③ 马克昌:《刑法学全书》，上海科学技术文献出版社，1993 年，第 3 页。

罪刑关系说认为，犯罪与刑罚的关系作为刑法的基本问题，是刑法的调整对象。陈兴良教授指出，"罪刑关系的运动表现为刑事法律关系的全过程"①。

刑事责任关系说认为，刑事责任关系作为刑法的调整对象，是指"国家对刑事责任追究权力的拥有、所有或享有以及犯罪人对刑事责任的负担"②。

国家与犯罪人之间的关系说认为，刑法的调整对象是国家与犯罪人之间的关系。③

除此之外，近年来部分青年学者提出新的观点，丰富了刑法理论。例如，有学者提出，刑法的调整对象为"国家的法律制度与公民个人基本人权之间的关系"④；有学者从刑法的独立性入手，认为"公民个人与代表社会整体利益的法律秩序之间的关系"⑤是刑法的调整对象。

笔者认为，"刑法是否具有独立的调整对象"与"刑法所调整的社会关系的性质"是两个不同的概念，应作出区分。众所周知，法律以调整一定的社会关系为内容，刑法作为基本法，实际承担着这一职能。纳入刑法调控范围的社会关系是否特定暂且不论，但这种社会关系具有独特性。以刑罚权的运作过程为视角进行考察，"刑罚的一端是掌握并有权发动刑罚权的国家"⑥，另一端是触犯刑法的孤立个人，由此，以刑罚权为中介，犯罪人与国家之间形成了一种特殊的社会关系——刑事法律关系。刑罚并不仅仅是一种直观的制裁措施，而是一种深刻的社会关系，

---

① 陈兴良：《刑法哲学》，中国政法大学出版社，1992 年，第 3 页。

② 李松银：《刑法调整对象新论》，《法商研究》1994 年第 4 期，第 17 页。

③ 张明楷：《刑法学》，法律出版社，1999 年，第 20 页。

④ 陈自强：《刑法的调整对象新界说》，《西南民族大学学报（人文社会科学版）》2011 年第 3 期，第 110 页。

⑤ 刘霜：《刑法调整对象新论》，《云南大学学报（法学版）》2005 年第 6 期，第 24 页。

⑥ 陈自强：《刑法的调整对象新界说》，《西南政法大学学报（人文社会科学版）》2011 年第 3 期，第 113 页。

即刑法所调整的社会关系的性质。

三、刑民关系展开的主要场域——"违法行为"与"法律行为违法"

法理学意义上的法律行为，是指主体在意志支配下实施的、能够发生法律效力、产生法律效果的行为。在这里，法律行为包括一切合法行为与违法行为。民法中，法律行为作为私法自治的手段，仅指合法行为。我国民法通则创设了民事行为概念，以此统领有效、无效、可撤销、可变更的一切民事行为，在这之下民事法律行为仅指合法行为。

从应然角度而言，法律行为作为法学的基本范畴，法理学意义上的法律行为概念作为上位概念，应当统领部门法之下的民事法律行为、刑事法律行为、行政法律行为等下位法概念，两者之间应具有逻辑上的属种关系。因此，法理学意义上的法律行为概念才是"各部门法律行为（宪法行为、民事法律行为、行政法律行为、诉讼法律行为等）与各类别法律行为（如合法行为、违法行为、犯罪行为）的上位法学概念"①，否则将导致法律在体系解释上的困难与混乱。《民法通则》将民事法律行为界定为合法行为是一个巨大的理论失误，但目前，因法律行为理论研究长期局限于民法领域，从而造成民法一家独大、刑法等其他部门法短板的局面。当然，笔者无意扩大这种概念法学之争，仅对相关概念予以澄清并进行刑民关系中法律行为的分析。

法律对社会关系调整的实质是法律对社会关系主体之行为的规制，即法律行为的规范属性。根据社会关系的性质，法律对行为的调整分为法定主义调整模式和意定主义调整模式。在法定主义模式下，法律规范明确规定具体行为的事实构成及导致的法律后果，这一事实构成主要通过设定义务的方式，要求行为人"应当"或"必须"遵守行为模式，否则国家意志直接产生法律后果。在意定主义模式下，法律主要通过权利设定的方式，赋予主体根据自己的意思决定行为方式及法律后果，即私

---

① 舒国滢主编：《法理学导论》，北京大学出版社，2006年，第134—135页。

法领域的意思自治。由此，行为的事实构成本身并未被明确规定，国家意志是一种隐性的潜在。如果法律行为违反了国家意志，即法律行为违法，在大陆法系国家往往回避对法律行为做合法与否的评价，而直接将法律行为的违法与法律效力评价联系在一起：宣布法律行为可撤销或无效。

根据法律行为调整模式的不同，两种调整模式所对应的结构也有所区别。有学者概括为，法定主义调整模式下，行为结构的关系表达为：法律行为 = 国家意志（主观要件）+ 主体意志行为（守法/违法）+ 法律效果（法律的保护/法律的制裁）。意定主义调整模式下，行为结构的关系表达为：法律行为 = 行为主体意思、目的（主观要件）+ 主体意志行为（客观要件）+ 法律效果（有效/无效）。[①] 值得说明的是，法律对行为的作用是通过法定和意定两种调整模式共同实现对社会关系的调整，具体到部门法则各有其侧重。例如，刑法体现了极强的国家意志性，法定主义调整模式起主要作用，行为人"应当"或"必须"履行作为或不作为义务，否则违法行为直接产生刑事责任。而在民法领域，法律行为即是一种"设权行为"，法律尽可能通过意定主义调整模式。在债的关系中，只要行为主体具有行为能力、意思表示真实，同时不违反强制性规定，合同即有效，否则，合同无效。

值得说明的是，在意定主义与法定主义两种调整模式下，会产生"法律行为违法"和"违法行为"两个概念。在法定主义调整模式下，因行为主体的意志行为直接违反了国家意志要求行为主体"应当"或"必须"遵守的事实构成，将直接导致法律制裁，由此，"违法行为"（又称不法行为）这一概念与侵害后果直接对应，并产生法律责任以及制裁措施。违法行为一般包括民事违法行为、行政违法行为、刑事违法行为，民事违法行为包括违约行为、侵权行为和失权行为。在意定主义调整模式下，

---

① 孙晓红：《法律行为概念与构成问题》，《山东工商学院学报》2006年第20卷第3期，第119页。

法律结构并不直接规定事实构成本身，法律行为是一种设权意思表示，"法律行为违法"指行为主体的意思表示行为违反了法律、行政法规的强制性规定，导致法律行为的无效。因此，严格意义上而言，"法律行为违法"谈的并不是违法性问题，而是法律行为的效力问题。在大陆法系国家，民法学者直接把法律行为违法与法律效力评价制度直接联系在一起，他们认为法律行为无论是否有效均属于"适法行为"，以此区分严格意义上的"违法行为"。由此，法律行为违法的核心是由法律行为违法所带来的效力评判问题，在合同领域产生合同有效、无效、可撤销的判断；而违法行为的核心则是合法性判断问题。而合同的效力和行为的合法性判断则是展开刑民关系的主要场域。

四、同一法律行为对法律关系的影响——刑民关系的基础

依据传统的部门法划分理论，部门法的划分"以社会关系的性质为主，以法律的调整方法为辅"。从刑民关系视角看，法律的演进经历了从诸法合体向刑民分立下的部门法转变的过程。无论作为部门法的刑法有无独立的调整对象，法律的调整对象是社会关系，刑法作为一个独立的法律部门也以调整一定的社会关系为内容。

法律关系，即法律规范调整社会关系的过程中所形成的权利、义务关系。在谈论私法中的法律关系时，潘德克顿法学的代表人物萨维尼指出，法律关系是不能够自我产生、变更和消灭的，因此，法律关系的动态运行需满足两个前提：法律规则和符合法律规则设定的具体生活事实——法律事实。萨维尼第一次将法律事实作为一个独立的概念提出，并论道："我将引起法律关系开始和结束的事件成为法律事实。所有法律事实的共同点在于，通过它们，特定人的法律关系会在时间中产生某些变化。"[①] 由此，法律事实成为抽象的法律规范与具体法律关系的中介。

---

① 朱虎:《法律关系与私法体系——以萨维尼为中心的研究》，中国法制出版社，2010年，第181页。

我国传统法理学继承了德国潘德克顿法学的精神，在定义法律事实概念时，通说地位的定义方式为司法者立场的"因果关系说"，即法律事实是由法律规定的，能够引起法律关系形成、变更或消灭的各种事实的总称。[①]

依据事实本身与行为人意志的关系，法律事实可以分为法律行为和法律事件。意志性是法律行为的本质属性，这种意志性与行为人的认识能力直接相关，与行为目的无关。认识能力的有无及大小影响行为人行为的法律意义。因此，意志不健全的人侵害他人人身或财产的行为，因行为人不具意志性，如果客观上引起法律关系的发生、变更或消亡，应纳入法律事件的范畴。例如，无刑事责任能力人实施的杀人行为，因行为人对其行为性质、后果缺乏认知，不为法律行为，应为法律事件。接下来，笔者以法律事实中的表意行为——法律行为为分析对象，展开对刑民关系的分析。

法律关系具有静态的属性，其自身无法自行演变。法律关系的动态运行需依赖于特定的事实或现象。例如，法律关系1：甲、乙之间存在婚姻法律关系。行为1：甲、乙在婚姻登记机关办理了离婚登记。依据法律规定，法律行为1具有使法律关系1消灭的能力。而行为1（离婚登记）之所以具有使法律关系1（婚姻法律关系）消灭的能力，是因为具体的法律行为（离婚登记）符合了抽象的法律规范。由此，法律行为是导致具体法律关系发生变化的原因，是连接抽象法律规范与具体法律关系的桥梁或中介，同时法律行为具有规范属性。

我们现在建立一个具有普适性的用于各部门法的模型：

---

① 张文显主编：《法理学》，法律出版社，2004年，第137页。

部门法规范		法律关系 1
部门法规范		法律关系 2
部门法规范	法律行为 1	法律关系 3
部门法规范		法律关系 n

这一模型向我们揭示出的一个普遍现象是：（1）法律行为具有规范属性，一个法律行为可能纳入多个部门法视野。（2）一个法律行为可能导致多重法律关系。（3）部门法—法律行为—法律关系在逻辑上有严格意义的对应关系。（4）部门法通过调整法律行为进而调整法律关系。因此，在以法典为载体的部门法世界里，因同一法律行为所导致的多重法律关系，可能分别属于不同的部门法调整，并由此导致调整方式及法律后果的纵横交错与交错重叠。笔者认为，这是刑民关系产生的根本原因。

张文显教授认为，法律行为体系是动态的法律现实。对于刑民关系而言，刑事法律行为 1 导致刑事法律关系 1 的变化，民事法律行为 1 导致民事法律关系 1 的变化，两者之间不存在交叉或包容。但因法律行为具有规范属性，当刑事法律行为 1 与民法法律行为 1 背后的行为实际上为同一行为时，因法规竞合导致刑法与民法均对该法律行为作出了相应的规定，且均适用于该法律事实，就会导致形式上同一法律行为同时侵犯刑事法律关系和民事法律关系的情况出现，刑民关系由此产生。

第二章　刑民关系的展开

第一节　刑民关系的分类

传统意义上的刑民关系，是指刑、民实体规范及程序规范在内容上的关系。按照调整范围的不同，笔者将其分为刑民实体关系与刑民程序关系。

一、刑民实体关系

刑民实体关系，即实体上的刑民关系，是指刑法与广义的民事实体法（包括狭义的民法、商法等私法——当然商法具有公法化倾向，以下一般简称为民商法）在实体内容上的关系。[①] 笔者在借鉴杨兴培教授学术观点的基础上，将刑民实体关系分为以下三类：单一型关系、纵向型关系和横向型关系。

（一）单一型关系

单一型刑民实体关系，是指具体案件中，外在上某一法律行为似乎同时指涉刑事法律关系与民事法律关系，但从内容看，这类案件反映的仍是单一法律关系。单一型刑民实体关系一般发生在刑民分界的模糊或边缘地带。例如，过度维权与敲诈勒索的界定、非医学需要的胎儿性别鉴定及选择性别的人工终止妊娠行为的入罪问题。

---

① 张明楷：《实体上的刑民关系》，《人民法院报》2006 年 5 月 17 日，第 B01 版。

案例 1

2006 年，黄某购买的某品牌笔记本电脑出现故障，经检测该电脑安装的是测试版 CPU。黄某多次找电脑公司谈判并索要赔偿款 500 万美元，并以向媒体曝光相威胁。后黄某以敲诈勒索罪批准逮捕，检察机关作出了不起诉决定。理由：黄某的行为属过度维权，不是侵权行为，不构成敲诈勒索罪。[①]

案例 2

2008 年，因郭某女儿所吃某公司奶粉三聚氰胺超标，导致其女儿三聚氰胺中毒。某公司与郭某签订"和解协议"，某公司向其女儿赔偿 40 万元，郭某不再追诉并放弃其他赔偿请求。郭某维权节目播出，某公司再次与郭某谈判，郭某提出 300 万元的赔偿费。之后，双方谈判 18 次，郭某称如若得不到满足就将该事件进一步扩大升级。最后郭某以犯敲诈勒索罪被判处有期徒刑五年。[②]

案例 3

某公司逾期不还贷款，银行将该公司起诉至法院，并提出要求该公司归还贷款本金、利息和逾期违约金的诉讼请求。法院判决认为贷款合同系双方当事人真实意思表示，依法有效，被告应承担违约责任，判令被告支付贷款本金、利息和违约金。判决生效后，银行申请强制执行。因该公司无财产可供执行、法定代表人避而不见，银行以诈骗罪向公安机关报案。法院认定被告单位构成合同诈骗罪。

在案例 1 和案例 2 中，过度维权与敲诈勒索的刑民分界处于模糊地带，过度维权行为是否有必要进入刑法调整领域存在疑问。案例 3 中，同一贷款行为产生的贷款合同关系中，合同效力的认定出现冲突，进而

[①]　转引自符向军：《"天价索赔"不等于敲诈勒索》，《人民法院报》2015 年 7 月 28 日。

[②]　参见高翼飞：《如何区别消费纠纷中的"维权过度"与敲诈勒索罪》，《中国检察官》2011 年第 22 期，第 3 页。

合同违约的民事责任判决和合同诈骗的刑事责任判决冲突，同一合同关系之下刑事判决与民事判决是否可以共存同样存在疑问。笔者认为，此类案件反映的刑民实体关系属于第一种类型——单一型刑民关系，其所涉及的核心问题是刑民界分问题。

司法实践中，体现单一型刑民实体关系的案件是一类典型的疑难案件，但因刑民界分理论横跨刑法、民法两个领域，目前并未引起学界的注意。作为法律的上层建筑是人类社会活动的产物，并受社会发展水平的制约，由此，刑、民等部门法之间并非"存在非此即彼、泾渭分明的界限"①，而是存在模糊与边缘地带。

从刑事审判实践出发，笔者认为，刑民之间调整界限的认定应着眼于行为的社会危害性程度，并在以下层面展开分析：

民事不法与刑事犯罪的关系是一种以社会危害性为核心，从量变到质变的区别。林山田、张明楷教授均认为，刑法适用中存在非刑法优先适用的评价属性或原则。由此，对于一般的民事不法行为，应首先通过民法规范调整，如果行为的社会危害性达到了一定程度，通过民法手段已不足以对不法行为进行有效规制，则需要进入刑法的调整领域。具体而言：

第一，首先判定是否为"同一法律事实下的同一法律关系"。在案例2中，需要立案侦查的案件与生效的民事判决是否为同一法律关系，是决定能否立案侦查、审查起诉或刑事审理的关键因素。是否为同一法律关系的认定应着眼于以下判断：主体同一、内容同一、标的物同一。若刑事案件与民事案件同时符合以上三要素，则属于同一法律事实导致的同一法律关系，进而，进入第二考量层面。

第二，该法律事实是否经由民法等其他部门法调整。刑法与其说是一种特别法，不如说是其他一切法律的制裁力量，刑法具有补充性、二

----

① 李兰英：《契约精神和民刑冲突的法律适用》，《政法论坛》2006年第6期，第30页。

次规范性，因此，有必要在刑法与民法及其他部门法之间建立一种衔接或过滤机制。如果一种具有严重社会危害性的行为未经其他部门法调整之前，不能直接进入刑法领域进行调整。在黄某天价索赔案中，某公司首先存在欺诈行为，黄某要求赔偿是其权利，同时索赔数额属于民法调整范围内行为主体意思自治的范畴。在郭某案中，如果双方达成调解协议并履行，该调解协议具有法律效力，并对当事人双方产生约束力。郭某之后的索赔行为带有胁迫的性质，此时敲诈勒索的行为超出民法的规制领域，形成了新的刑事法律关系。

第三，民法的调整方式是否恰当，即进一步审视民法调整特定危害行为的效果。如果民法规范调整具体违法行为的效果得力，就不需要将该违法行为进一步入罪；如果民法规范调整具体违法行为的效果不力，且该不力效果是由于执行等环节所致，不宜强行拉入刑法调整；如果民法规范调整具体违法行为的效果不力，且该不力效果是由于民法规范自身设置，说明此类案件已经超出前置法的边界，需入罪处理。对于单一性刑民实体关系，应采取合理化过滤机制，从低到高、从轻到重、递进式处理，对于越过民法等前置法随意归入刑法领域的司法取向应谨慎。

（二）纵向型关系

纵向型刑民实体关系，是指同一法律行为同时指涉民事法律关系和刑事法律关系，同时二法律关系在内容上具有纵向性的包容、重合关系。

案例4

被告人王某某等人以在地下赌场高利放贷给赌徒赌博为业，被害人叶某于2008年6月10日在赌场赌博时，先后向王某某前妻等人借高利贷一万元，随后将所借钱款赌博殆尽。在催还赌债未果的情况下，当天19时许，王某某伙同周某某、王某某、老某将叶某带到一偏僻树林逼债。逼债过程中，叶某态度强硬，动手反抗，将王某某等四人激怒。王某某等四人将叶某拳打脚踢至轻伤，直至叶某答应第二天还钱才停手，第二天早晨，叶某在赌场自缢死亡。[1]

故意伤害罪是反映纵向型刑民实体关系的典型罪名。在司法实践中，体现纵向型刑民实体关系的案件一般因属于刑事附带民事诉讼范围，采用刑事附带民事诉讼的审理模式或采用"先刑后民"的逻辑思路。在纵向型关系中，该不法行为已经超出了民法调整领域而成为刑法评价的对象。例如故意伤害案中，行为人故意伤害他人的行为，首先应当然评价为民法上的侵权行为，并由此产生行为人与被害人之间的民事法律关系和行为人与国家之间的刑事法律关系，并由此分属于侵权行为法与刑法的调整范围。民法上，因侵权行为所导致的民事法律关系，其侧重点在于被害人受到损害的补救；刑法上，由犯罪行为所导致的刑事法律关系，其侧重点在于犯罪人的行为对国家法律秩序的侵害及对行为人的惩罚。由此，只要某一法律行为同时符合民法规范构成要件，就应当受到民法评价，并借助于民法评价，以此区分犯罪案件中的赔偿被害人损失与追赃范围。由此纵向型关系中，刑事责任的追究与民事责任承担得以合理界定。

值得注意的是，在纵向型刑民实体关系中，一般刑事、民事审判对案件事实的评价范围完全一致，刑事与民事事实存在重合。例如被告人致被害人重伤的刑事附带民事诉讼中，刑事部分，法官依据犯罪构成事实追究被告人刑事责任，同时附带民事诉讼部分，法官根据已经查明的重伤事实即可认定被告人需要承担的民事赔偿责任。但案例4的特殊性在于，刑事、民事诉讼对案件事实的评价范围存在出入，而非完全重合。刑法评价的案件事实是：王某某等四人以暴力胁迫为手段将被害人叶某殴打致轻伤；民法评价的案件事实是：王某某等四人以暴力胁迫为手段将被害人叶某殴打致轻伤，且其胁迫、殴打行为与被害人自杀死亡存在因果关系。即在这里，虽然胁迫、殴打作为同一法律事实，但其导致刑

① 吴海涛：《民刑交叉案件中的民事侵权行为归责》，《人民司法·案例》2011年第4期，第58页。

事、民事法律关系的变更是存在差异的。由此，王某某等四名被告人与被害人亲属之间因被害人死亡所形成的民事法律关系，必须依据民法追究王某某等四名被告人对被害人的死亡需承担的赔偿责任，而不能简单认为只需要为轻伤害承担赔偿责任。当然，这并非说被告人对被害人民事赔偿承担全部赔偿责任，而是需进一步根据过错划分责任比例。

在纵向型刑民实体关系中，刑事裁判与民事裁判对案件事实认定的范围存在重合与部分交叉两种情形。在附带民事审判中，应全面、准确认定被告人与附带民事诉讼原告人之间的民事法律关系，依据民法规范将被告人的侵权行为完全纳入民事归责评价中，而不能以刑事评价取代民事评价。

（三）横向型关系

横向型刑民实体关系，是指同一法律行为同时指涉民事法律关系和刑事法律关系等多重法律关系，同时多重法律关系在内容上具有横向的并列关系。

案例 5

秦某系某电器城法人代表，程某系该公司副总经理。在其任职期间，程某擅自使用盖有该公司印章的空白合同，向某超市购买面值 100 万元的购物卡，并预先支付 30 万元购物卡价款，余款 70 万元未支付。经多次催要未果，某超市向公安机关报案。人民法院判处被告人程某构成合同诈骗罪，判处有期徒刑 12 年，并责令退赔被害人所受经济损失。因程某无赔偿能力，某超市以某电器城为被告向人民法院提起民事诉讼。

案例 6

谷某为还赌债，遂与甲某共谋，以伪造、骗取真实证件的方式将不知情的谷父名下房产卖与张某。同时，甲某持谷父的身份证至银行开户，并让张某将购房款 43 万余元汇入此账户，该房屋过户至张某名下。谷父发现房屋被遂卖后向公安机关报案。谷某、甲某二人被以合同诈骗罪追究其刑事责任。判决生效后，谷父以刑事判决认定的事实为证据提起民事诉讼，主张房屋买卖合同无效，并要求张某退还房屋。

案例5中，存在两种法律行为：程某利用其保管某电器城印章便利所实施的诈骗行为；某电器城法人代表秦某对公章及其员工负因负有监管责任，所实施的不作为加害行为。这两种法律行为导致三重法律关系：因诈骗行为，被告人程某与国家之间的刑事法律关系，该法律关系以追究刑事责任为内容；因诈骗行为，被告人程某与被害人某超市之间的民事法律关系，以损失赔偿为内容；因过失不作为，第三人某电器城与被害人某超市之间的民事法律关系，以侵权补充赔偿责任为内容。

案例6中，存在一种法律行为和三重法律关系：由谷某与甲某的诈骗行为所导致的国家与犯罪人之间的刑事法律关系；谷父与张某的买卖合同关系；甲某与谷父的表见代理关系。同时，因法律事实导致的多重法律关系并不存在纵向的重合、包容，而是一种横向的同位、并列，即"桥归桥、路归路"。

横向型刑民实体关系多表现在经济犯罪领域。刑事上行为人被认为犯罪承担刑事责任的同时，往往在民事诉讼中涉及合同效力的认定。长期以来，因实践中惯有的"先刑后民"处理模式，民事案件认定往往借助刑事部分的认定，忽略对民事关系的分析，并由此导致对合同效力认定与民法规范相悖的情形。例如在案例6中，刑法上谷某与甲某被认定为合同诈骗罪并不必然导致在民事领域甲某借谷父之名与张某签订的房屋买卖合同无效。刑法规范中的强制性规定只是对犯罪行为的规制，与合同行为等私法行为的效力没有必然联系。在合同诈骗罪中，刑法否定评价的对象是谷某、甲某在签订、履行合同过程中虚构事实、隐瞒真相的行为，并非合同内容本身。因此，在横向型刑民实体关系中，刑事、民事法律关系有必要分别接受刑事、民事两种规范的分别评价和处理。

二、刑民程序关系

刑民程序关系，即程序上的刑民关系，主要是指刑事诉讼与民事诉讼在时间上和重要性上的关系问题。①

目前，学界对于刑民程序关系的研究主要是以刑民交叉案件为视角。如果说刑民实体关系研究的开启更多是我国学者受到大陆法系，特别是日本法中刑民对话理论成果的启示，"从理论到实践"的展开。那么，刑民程序关系的研究则发端于我国的审判实务，走的是一条"从实践到理论"的道路。主要原因在于，司法实践中，刑民交叉首先由程序协调处理的冲突开始，主要表现为在民事审判中涉嫌犯罪的，程序上如何处理。最高人民法院和公安部先后出台了几个刑民交叉程序协调处理的规范性文件，从而形成了"先刑后民"的司法处理原则。因此，注定对该问题的研究，人们更多关注的是程序。程序性问题是刑民关系论题中的重要内容，程序性问题的研究在为司法处理寻求解决之道的同时也有助于刑民关系体系性内容的完善与发展。

就其内容而言，笔者认为，案件的侦查、审查起诉、立案、审判、执行阶段，在时间和空间上发生的程序关系问题均应纳入刑民程序关系的范畴。具体而言，刑民程序关系主要包括以下内容：1.刑民交叉（案件）的概念、刑民交叉的案件类型；2.刑民交叉案件的审理模式；3.刑民交叉案件的管辖；4.刑民交叉案件中的诉讼冲突；5.刑民交叉案件的证据采信；6.刑民交叉案件中的既判力问题；7.刑民交叉案件的裁判冲突；8.刑民交叉案件的执行。

第二节　刑民实体关系的理论基础

一、刑法的从属性与独立性之争

就刑法的法律属性问题，理论上存在刑法从属性与刑法独立性的对立。刑法从属性说是启蒙时期以霍布斯、卢梭为代表的自然法学派的主张，其认为刑法作为二次规范是对违反民法、行政法等第一次规范的行

---

① 张明楷：《程序上的刑民关系》，《人民法院报》2006年5月24日，第B01版。

为科处的更严厉的制裁，刑法所保护的法益也基本上是其他部门法先行确立的权利义务关系。由此，刑法不是一个独立的法律部门，仅作为其他部门法的补充才可以存在。[①] 意大利刑法学家克里斯皮尼主张刑法从属性说。他认为，在内容上，既然每一个刑法禁止的行为都先已为其他部门法所禁止，刑法没有自己独立的调整对象；在形式上，刑法没有自己独立的禁止性规范，仅有消极后果——"制裁"这一部分真正属于刑法内容；在功能上，刑法只具有刑事制裁来增强其他部门法禁止性规范的威慑力。[②] 依据刑法从属性的观点，在刑民关系上，刑法是以民法保障法的地位而存在，刑法与民法的区别仅在于制裁措施的不同——刑罚措施。由此，刑法具有补充性，当民法足以保护其所规定的权利、义务关系时，不得运用刑事制裁；调整对象上，刑法只能保护民法等部门法规范下的利益，如果其他利益是否需要保护没有在其他部门法中予以明确，刑法也不应予以保护。

在德国，自 20 世纪 30 年代起，刑法从属性说受到批判，刑法独立性说是受到重视并发展成为刑法理论的通说。刑法独立性说认为，刑法具有自己的目的与功能，是一个独立的法律部门。支持刑法独立性说的学者一般认为：行为模式上，刑法具有独立的禁止性规范，如禁止盗窃、杀人、强奸等，而非仅是法律后果——制裁措施的不同；刑法规范的适用对象与范围随着刑法特有的性质和需要发生变化，例如日本民法中的财产包括有形财产和财产性利益，而日本侵占罪的保护法益不包括财产性利益；刑法有自己独特的概念、目的与功能，并不从属于其他法律领域；刑法体系具有独立价值，体系结构上，刑法有系统完整的总则规范；具体内容上，刑法有构成要件、罪数、共同犯罪、犯罪特殊形态等有别

---

① ［意］杜里奥·帕多瓦尼:《意大利刑法学原理》，陈忠林译，中国人民大学出版社，2004 年，第 3—4 页。

② 参见陈忠林:《意大利刑法纲要》，中国人民法学出版社，1999 年，第 6 页。

于其他部门法的特殊制度。^①

刑法从属性说已日渐式微，刑法独立性说目前成为刑法理论界的通说，但支撑刑法从属性这一论点的基本论据是值得肯定的。首先，刑法作为其他部门的保障法而存在，是其他部门法的保护法。刑法具有二次规范性，只有在其他部门法无法对某种具体社会关系进行调整时，刑法才对这种侵害整个法律秩序的行为进行调整。其次，刑法具有谦抑性，只有在没有可以代替刑罚的其他适当方法存在的条件下，才能动用刑罚手段，以适度克制不必要的犯罪认定或不必要的重刑主义倾向。最后，刑法具有有限性，平野龙一把这种有限性表述为"断片性"，刑法仅是社会规范体系中的一个环节，刑罚制裁必须与其他调控手段密切合作才能有效维护社会生活共同必需的法秩序。与此同时，刑法作为一个独立的法律部门，刑法的特殊调整手段决定了其具有达到目的的特殊路径与方法。^②

因此，不能简单的否定或肯定刑法的从属性与独立性，而应在具体问题中相对的把握。例如，在双重让与的场合，日本通说认为在侵占罪的所有权转移问题上，应以买方价款是否支付完毕或者至少大部分价款已经支付为必要。这是刑法从属性的立场，川端博教授认为，应坚持刑法的从属性立场，仅有双方当事人的意思表示不能认定标的物的所有权已经转移。^③

就财产罪而言，德国刑法学在刑法从属性与独立性的基础上发展了"法律的财产说""经济的财产说"以及"法律·经济的财产说"。"法律的财产说"认为刑法保护的法益是民法上合法的财产权利，而该财产的经济价值在所不问。"经济的财产说"认为刑法上的财产必须是有经济

---

① 参见陈忠林：《刑法散得集》，法律出版社，2003年，第116—117页。

② 陈兴良：《民法对刑法的影响与刑法对民法的回应》，《法商研究》2021年第2期，第38页。

③ [日]川端博：《不动产的双重买卖与侵占罪》，《财产犯论的景点》，1996年，第165页。

价值的利益，即金钱实际损害的有无，无需要根据民法具体判断，由此，该财产是否合法在所不问。"法律·经济的财产说"一方面主张刑法上财产罪的保护法益应当是民法上合法的财产，另一方面坚持认为该财产应当具有经济上的或金钱上的价值。①

根据"法律的财产说"，刑法对财产的解释应当根据民法判断，这是刑法从属性的见解；"经济的财产说"指出具有经济上的利益就是财产，根据财产的经济内容对违法性进行实质的判断，坚持了刑法的独立性。"法律·经济的财产说"在肯定财产的法律属性基础上进而对财产的经济属性进行实质分析，并未完全采纳刑法从属性或独立性的观点。值得说明的是，刑法的从属性观念不能得到普遍承认，这也是"经济的财产说"在德国得以占优势的一个重要原因。②

与德国相对，日本关于财产罪法益的解释存在"本权说""占有说"以及"中间说"的对立。

"本权说"认为财产罪的法益是所有权及其他本权。③应以民法上权利义务的归属作为认定财产罪保护法益的前提，同时刑法上财产罪的保护法益是占有背后的本权而非事实的占有，对于占有侵害的否定评价也是为了保护被侵害的本权。二战前的日本判例与通说皆采用本权说。在借款人通过非法手段骗回或窃回作为借款担保凭证的"恩给年金证书事件"，根据日本法律规定恩给年金证书是法定禁止担保物品，债权人无法取得恩给年金证书合法本权的占有，日本大审院因而否定其财产犯罪的成立。④

---

① 转引自童伟华：《财产罪的法益——修正的"所有权说"之提倡》，《安徽大学法律评论》2009 年第 1 辑，第 247 页。

② 王骏：《不同法域之间违法性判断的关系》，《法学论坛》2019 年第 5 期，第 73 页。

③ 张明楷：《刑法学》，法律出版社，2007 年，第 698 页。

④ 黄辰：《财产犯罪法益研究的困境及其克服》，《法学》2022 年第 12 期，第 97 页。

　　"占有说"认为，他人对财物事实上的占有本身是财产犯罪的保护法益。[①] 从立法目的而言，刑法规定财产罪是为了维护既存的财产秩序，因此，不管具体的民事权利义务关系如何，对占有事实的侵害应成立财产罪。

　　"中间说"有"基于本权说的中间说"和"基于占有说的中间说"之分。"基于本权说的中间说"存在诸如"大致有理由的占有说""以本权为支撑的占有说""扩张的本权说""被修正的本权说"等诸学说。扩张的本权说的提出者大谷实、被修正的本权说的提出者林干人以及以财产性的利益为基础的占有说的提出者团藤重光，均主张，日本关于财产罪保护法益原理基本可依据德国"法律·经济的财产说"予以把握。在日本最高裁判所平成元年7月7日关于"附卖与担保[②]的汽车取回案"[③]中，如果买受人没有履行清算义务又不存在清算利益，出卖人取回汽车的行为应不构成盗窃罪。"基于占有说的中间说"内部又有"平稳的占有说""大致平稳的占有说"及其他主张之分。平野龙一先生作为"平稳的占有说"的提倡者，其认为当今财产的利用形态日益复杂化，基于秩序维持的需要有必要保护财产的所有与利用。在占有的保护与本权的保护不一致的情况下，如本权者从盗窃犯人处将物品的取回，此时刑法所保护的不是赤裸裸的占有，而是平稳的占有。[④] 在"附卖与担保的汽车取

---

　　① 张明楷:《刑法学》，法律出版社，2007年，第699页。

　　② 所谓卖与担保，在日本又称卖渡担保，是指以买卖方式移转标的物的所有权，而以价金名义通融金钱，并约定日后得将该标的物买回的制度。这有点类似我国典权制度，所不同的是，典权移转的是标的物的使用收益权，而买卖式担保移转的是标的物之所有权。

　　③ 参见日本《刑法判例百选Ⅱ（第4版）》，第24号，第607页。该案案情：利用附买回约款的汽车买卖合同进行汽车融资的出卖人，擅自使用私配的钥匙，将作为卖与担保标的物并已取得所有权的汽车从债务人（买受人）的车库中取走。该汽车是在买受人丧失买回权之后被取走的。

　　④ 转引自童伟华:《财产罪的法益——修正的"所有权说"之提倡》，《安徽大学法律评论》2009年第1辑，第236页。

回案"中，平成元年最高裁判决阐述如下："在被告人收回汽车时，虽然汽车处于借用人事实上的支配之中，但即使认为被告人拥有所有权，被告人的收回行为仍属于《刑法》第242条中的窃取他人占有的物品的行为，应构成盗窃罪。"①这一裁决立足于"修正的占有说"，因在此案中，作为卖与担保标的物的汽车，债务人丧失买回权后，债权人无清算义务，债务人没有拒绝支付的权利，因此债权人构成盗窃罪是无法从"本权说"获得正当性。

值得注意的是，从德日两国的司法判例走向来看，都经历了从法律的财产说（或本权说）到经济的财产说（或占有说）的过程，但这并不是判定后者比前者更具有优越性的依据。因为国家经济结构的变革，财产关系的复杂化与财产犯罪处罚范围的扩大往往有紧密的关联性。实际上，司法机关采用什么样的学说，很大程度上与当时社会背景下财产犯罪的案发率密切相关。②

二、刑事违法性判断的一元论与相对论之争

意大利学者帕多瓦尼指出，"违法性"是一种关于犯罪与法律秩序之间关系的判断。③从法秩序统一的角度看，违法性的判断是在法秩序整体上、统一进行，还是根据不同的部门法、个别的进行，是一个颇具争议的理论问题。围绕着这一争论，违法一元论认为，应贯穿于法秩序整体对违法性做一元判断；违法多元论认为，与民法中的违法性不同，刑法上应以是否值得刑罚处罚为前提进行违法性判断。④

① ［日］佐伯仁志、道垣内弘人：《刑法与民法的对话》，于改之、张小宁译，北京大学出版社，2012年，第274—275页。
② 黄辰：《财产犯罪法益研究的困境及其克服》，《法学》，2022年第12期，第96页。
③ ［意］杜李奥·帕多瓦尼著：《意大利刑法学原理（注评版）》，陈忠林译评，中国人民大学出版社，2004年，第132页。
④ ［日］曾根威彦：《刑法学基础》，黎宏译，法律出版社，2005年，第213页。

违法一元论的前提是将法视为行为规范，即引导社会群体和个人参与社会活动所遵循的规则、准则。刑法规范采用"处……"这一消极的法律后果的方式，对社会公众起到一般预防作用。而为了确保国民对其行为基准的可预测性，"统一的一般的违法性的观念是有用的，并且是不可或缺的"[①]，否则，如果一个行为被允许的同时，又被另一种规范禁止，就无法发挥规范的指引作用，易引起国民行为的混乱。因此，应将违法概念建立在行为规范的基础之上，具体行为对某一部门法的违反也就意味着在其他法领域的不法以及对全体法秩序的违反。与此相对，违法相对性论则直接否定了法秩序统一原则，认为各部门法违法性判断应由其自身特点进行把握。就刑法违法性而言，则根本用不着增加"可罚的违法性"这一概念，具体的刑事违法性判断直接进行实质违法评价即可。[②]

（一）大陆法系国家主流观点

在德国，违法一元论为多数说，但罗可辛主张对违法的相对思考。[③]值得说明的是，可罚的违法性概念由黑格尔首先提出，在其 1821 年出版的《法哲学原理》一书中，他指出，刑法上的违法性的特殊性与独立性，应将刑法上行为的违法性与刑法以外其他部门法，特别是民法上法律行为的违法性相区别。[④]这一主张一经提出，即遭到了违法一元论学者的批判。德国通说认为在全体法秩序上，违法性只有一个，因此主张违法性的整体法判断。对于某一具体行为，因违法性程度不同，在民法等其他法领域判断为不法，在刑法上也为违法，但存在可罚违法阻却事

---

① [日]丼良田：《刑法总论的理论构造》，成文堂，2005 年，第 142 页。

② 王骏：《违法性判断必须一元吗？——以刑民实体关系为视角》，《法学家》2013 年第 5 期，第 132 页。

③ [德]克劳斯·罗可辛：《德国刑法学总论：第 1 卷》，王世洲译，法律出版社，2005 年，第 398 页。

④ 参见[德]黑格尔：《法哲学原理》，范杨，张企泰译，商务印书馆，1995 年，第 91—96 页。

由，由于违法性减少而否定其可罚性。例如，在错误汇款的场合，德国刑法学界及判例均坚持法秩序的统一性与违法一元论，从民法出发解释刑事违法性的判断，由此得出无罪的结论。

相较于德国，日本存在缓和的违法一元论与违法相对论的对立，严格的违法一元论几乎没有市场。严格的违法一元论主张，（1）在其他法领域合法的行为，即使在刑法上该当构成要件，刑法应认定为该行为合法。（2）在其他法领域违法的行为，如果在刑法上该当构成要件，在刑法上当然具有违法性或者可罚性，"可罚的违法性"没有存在的必要。

佐伯千仞、曾根威彦主张缓和的违法一元论。缓和的违法一元论认为，（1）在其他法领域合法的行为，即使在刑法上该当构成要件，刑法应认定为该行为合法。（2）在其他法领域违法的行为，即使在刑法上该当构成要件，在刑法上也不一定具有违法性或者可罚性，"可罚的违法性"具有解释论上的实际意义。缓和的违法一元论一方面承认违法性是全体法秩序共通的概念，另一方面又基于违法程度上的不同与法领域的目的上的相对性予以承认。①

在这里，缓和的违法一元论与严格的违法一元论对问题（1）的结论是相同的。在问题（2）中，缓和的违法一元论并没有简单否定违法性，而是指出了刑法的违法性与其他法领域的违法性的差别，并将不同法领域立法目的及法的效果的差异纳入违法性的判断因素中，从而直接为可罚的违法性奠定了基础，这正是违法相对论在处理刑民关系中在解释论上的实践意义。

前田雅英是违法相对论的强有力支持者。违法相对论主张，刑法上的违法性应以是否值得刑罚处罚作为独立的、实质判断标准。因此，（1）在其他法领域合法的行为，如果在刑法上该当构成要件，也有成立犯罪的可能性。（2）在其他法领域违法的行为，即使在刑法上该当构成要件，

---

① 彭泽君:《日本刑法中的可罚的违法性理论及其对我国的借鉴》,《法学评论》2005年第6期，第128页。

也不必然成立犯罪。违法相对论与缓和的违法一元论在问题（2）上结论相同；对于问题（1）违法相对论直接否定了法秩序的统一性，将"可罚的违法性"消解在实质违法性概念之中。

就本书探讨的范围而言，违法一元论与违法相对论的对立主要表现为对问题（1）的不同结论。即，对于合法的民法行为，如果在刑法中该当构成要件，是否具有成立犯罪的可能性？对于这一问题的回答，缓和的违法一元论从"一般违法性"这一法秩序共通的概念出发，在此基础上个别判断刑法上的违法性，不同法领域的违法性具有量的不同。违法相对论则认为，不同法领域的违法性是质的不同，应完全根据刑法的违法特性判断。那么，在整个法秩序内违法具有统一性吗？对于具体问题，违法一元论与相对论给出了不同的回答。

在错误汇款的场合，刑事违法性只需要从刑法独立性予以确定的见解是一种有力的通说。大阪高裁的刑事判例即使肯定收款人与银行之间基于存款合同产生的债权债务关系，但因实际强调"银行在面对错误汇款时，实际执行的应对措施及其意义"①，也否定了存款人具有正当的取款权限，从而认定夺取罪的成立。

在委托的现金的场合，对于被限定了特定用途的现金是否为"他人之财物"的判断上，日本刑事判例及学说同样遵从民法理论的立场，有条件承认货币"占有＝所有权"，根据受托金钱是否置于流通领域区分判断，这是违法一元论的立场。对于金钱所有与占有不一致的情形，例如当甲委托乙将 10 万元现金交予丙时，而乙挪用后无力归还时，乙是否构成侵占罪的问题。刑法学其实首先是利用民法对合同的解释以明确合同的宗旨，进而明确受托金钱的所有权问题，之后再讨论侵占罪的构成。这也是违法一元论的立场。

在自力救济的场合，日本民事判例对自力救济的认定相对于刑事判

---

① ［日］山口厚：《从新判例看刑法》，付立庆、刘隽译，中国人民大学出版社，2009 年，第 228 页。

例表现出较为容忍、宽泛的态度。违法相对论认为，原因之一是刑法与民法价值的差异。民法中的自力救济是以权利实现为中心构建起来的，如果过分地强调自力救济的禁止反而会压抑公民权利意识的成长。与此同时，刑法学者米仓明先生认为，从抑制行为的反社会性以及一般预防的角度出发，应对刑法中的自救行为予以严格限制。① 如此一来，在民法中作为自力救济不是违法的行为就有可能在刑法中认定为违法。

日本"县渔联"案中，一、二审法院坚持违法一元论与刑法从属性，从民法出发解释刑法中建筑物所有权的他人性；而日本最高裁判所避开对民事行为的判断，认为即使将来的民事裁判否定了县渔联对建筑物的所有权，但在民法上建筑物所有权归属不明之时，建筑物所有权可以避开民法直接依据刑法规范目的作出判断，由此在财物所有权不明的情形下以维护既存的财产秩序。这种秩序维护模式是违法独立性与刑法相对论的立场。

（二）我国有关违法性判断的理论分歧

总体而言，我国部分学者对德国、日本刑法相关问题的研究成果进行了引进和梳理，并在此基础上从不同的视角出发提出自己的观点。例如，除了主张"违法相对论"②"缓和的违法一元论"③ 观点外，有的观点主张"实质从属性说"④，有的观点主张"新结构犯罪构成说"⑤，还有的观点主张"严重脱逸社会相当性说"⑥ 等。

王骏博士在其博士论文《刑法中的正当化事由基本问题研究》中，

① 参见 [日] 米仓明：《自力救济》，《法学教室》1982 年第 17 号，第 25 页。
② 王骏：《违法性判断必须一元吗——以刑民实体关系为视角》，《法学家》2013 年第 5 期，第 131 页。
③ 童伟华：《日本刑法中违法性判断的一元论与相对论述评》，《河北法学》2009 年第 11 期，第 169 页。
④ 时延安：《刑事违法性判断与民事不法判断的关系》，《法学杂志》2010 年第 1 期，第 93—96 页。
⑤ 陈灿平：《刑民实体法初探》，法律出版社，2009 年，第 76 页。
⑥ 于改之：《刑民分界论》，中国人民大学出版社，2007 年，第 205 页。

在正当化事由根据上肯定违法一元论[1]。然而，在刑民关系上，王骏博士又持违法相对论。他指出，刑法虽被认为是最后的保障法，但并不意味着其在违法性上只能依从于民法等"前置法"进行一元的判断。这一论点通过以下论据作为支撑：（1）我国"不法量域"的立法模式使"可罚的违法性"失去独立考量的空间；（2）民法中违法性判断的暧昧不清使其难以为刑法所参照；（3）维系刑民违法性一元的"一般的违法性"存在重大缺陷；（4）刑民维护各自立法旨趣以契合法秩序的统一性。[2]。并在其他论著中论证了这一观点。[3]

郑泽善教授也认为，对法秩序整体的统一理解与承认其形式上不同类别和轻重阶段，两者并不矛盾。因此，被认定为犯罪的行为，应具备可罚的违法性。[4] 这是违法相对论的观点。也有学者主张，事实上，违法相对论并不排斥违法性评价一致的情形，所以应以"违法的相对判断"取代之[5]，其意旨仍坚持违法的多元判断。

王昭武教授则认为，为细化一般违法行为与刑事违法行为评价界限，契合刑事违法与民事违法之间的从属关系，有必要采取缓和的违法一元论的二重刑事违法性判断结构"一般违法性 + 可罚的违法性 = 刑事违法性"。[6]

时延安教授并不认可"民法中违法性判断的暧昧不清"，并指出，民

---

[1] 王骏：《刑法中的正当化是由基本问题研究》，武汉大学 2012 年刑法学博士论文，第 86—88 页。

[2] 王骏：《违法性判断必须一元吗——以刑民实体关系为视角》，《法学家》2013 年第 5 期，第 131 页。

[3] 王骏：《不同法域之间违法性判断的关系》，《法学论坛》2019 年第 5 期，第 70—75 页。

[4] 参见郑泽善：《法秩序统一性与违法判断的相对性》，《甘肃政法学院学报》2011 年第 7 期，第 60—70 页。

[5] 王荣溥：《法秩序一致性与可罚的违法性》，《东吴法律学报》2009 年第 2 期，第 88 页。

[6] 王昭武：《经济案件中民刑交错问题的解决逻辑》，《法学》2019 年第 4 期，第 12 页。

法学中违法性的判断是在民法责任的构成要件中，包括债的不履行和侵权，合同违约部分不涉及违法问题；犯罪与民事不法行为并非非此即彼的关系，可能同时存在、并列或先后进行；刑事违法性判断对民事不法判断具有依赖性，即实质从属性。[1]

在财产罪问题上，对于财产罪的保护法益，我国刑法通说从民法依存模式出发采"所有权说"，即财产罪的保护法益是公私财产所有权，这是实质从属性的观点。刘明祥教授认为，"财产罪的本质是侵犯财产所有权，刑法处罚财产罪的目的也是为了保护财产所有权"[2] 这是一种主张从民法出发解释财产罪的保护法益的见解。但是，在所有权他人性的判断问题上，刘明祥教授又认为，因为民事诉讼的时限性，"刑法上所有权他人性的确定不能依赖于民法"[3]。这看似是刑法独立性的观点，但刑事违法性的判断是依赖于民事实体法规范还是依赖于民事诉讼程序中的具体裁决，是两个概念，这种论述并不是刑法独立性的有力论据。我国也有学者主张有条件的采纳从属性的立场，例如童伟华教授依据"法律.经济的财产说"主张"修正的所有权说"。

（三）缓和的违法一元论之肯定

民事不法行为，包括无效、可撤销的民事法律行为与民事违法行为两类。无效、可撤销民事行为作为一种表意行为，仅指其表意内容有损法律规定，因而禁止其实施或履行。在其表意内容实施前，因没有实际损害，不产生民事责任。但如果双方当事人在意思表示过程中存在缔约过失或侵权，就会产生与之相对应的责任。民事违法行为是指违反法律的强制性规范，损害他人民事权益的行为，包括债的不履行与侵权。因实际损害的发生，民事违法行为必然产生责任。一般而言，违法性在责

---

[1] 参见时延安：《刑事违法性判断与民事不法判断的关系》，《法学杂志》2010 年第 1 期，第 93—96 页。

[2] 刘明祥：《财产罪比较研究》，中国政法大学出版社，2001 年，第 19 页。

[3] 刘明祥：《财产罪比较研究》，中国政法大学出版社，2001 年，第 30 页。

任构成要件中探讨。

刑事违法，指行为具有触犯刑事法律的性质，同时违法性的判断还必须联系违法性的本质进行具体、非定型的价值判断。在德日三阶层犯罪论体系中，违法性的判断一般仅涉及是否存在违法性阻却事由的问题。在我国耦合式四要件犯罪论体系中，对于构成犯罪的判断，涉及价值面与规范面双重标准。价值面上需评价社会危害性程度，规范面上需考量具体刑法规范，即刑事违法性的评价。关于民事不法与刑事违法判断的关系，因部门法的分离两者的判断应依各自体系分别进行。但在刑民关系之刑法解释论上则应探求两者契合的必要。

在刑事违法性与民事不法判断的关系上，笔者赞同缓和的违法一元论。在坚持法秩序统一性的前提下，刑事违法性的判断依据刑事规范本身，即对于具有"一般违法性"的行为，再根据刑法规定，甄别出具有可罚性的犯罪行为。

首先，刑事、民事违法性判断应保持统一性，违反任何一个部门法的不法行为在整体法领域均具有违法性。即：民法上的适法行为，刑法上不能认为具有刑事违法性；民法上的不法行为，未必具有刑事违法性，刑事违法性的判断应依据刑法规范作出，不能以民事思维代替刑事判断；民法认为无保护必要的利益，刑法上不能认为侵害行为具有刑事违法性。其次，刑法、民法各有其不同功能、立法旨趣、规范背景及评价侧面，同一行为在刑法、民法中的效果也不可能完全相同，应承认两者的判断可能出现的差异。最后，解释论上，在承认不同法域存在法效果、功能差异性的同时，应在法秩序统一性的前提下，寻求刑法、民法衔接的契机，避免相互矛盾、抵触的结果。

一般违法性的概念存在于公法、私法等所有法领域。黑格尔认为，"犯罪是对法本身的不法"，无论采取刑法从属性还是独立性的观点，刑法规范属于"第二次规范"是一种共识。从其调整对象看，即使暂且承认刑法有其独立的调整对象，也是在其他部门法的调整手段和制裁措施无效或失灵后，刑法才以刑事制裁的方法介入，因此刑法作为其他部门法的保障法而存在。

同时，刑法的从属性、相当性与分散性是刑法的基础，从刑法规范的"行为模式"看，刑法本身并不创立新的义务，仅是对其他法领域既定的权利、义务规则给以更强有力的后盾或制裁。当民法等其他部门法规定为合法行为时，法律的逻辑结构到此结束；当民法等其他部门法规定为不法行为时，法律的逻辑结构从民法等部门法延伸至刑法中，并进行第二次判断。由此，刑法与民法之间暗含着一种以一般违法性为线索的逻辑关系。一般违法性这一概念是打通各部门法的主线，应该在所有法领域得到承认。具体理由如下：

第一，民事、刑事违法性判断理论存在某种共通之处，例如侵权法中的违法性判断与刑法中的违法性的判断具有相似性。在德日三阶层犯罪论体系中，一般认为，构成要件是法益侵害行为的类型化。无论是行为构成要件说主张的"所有的构成要件都是违法性的表征，是违法行为的认识根据"[1]，还是违法类型说主张的，构成要件"是违法行为的存在根据"[2]。刑事违法性的判断并非积极、直接判断，而是在构成要件该当性基础上进行违法的负面判断，即违法阻却事由的判断。

侵权法中的违法性类型。违法性的概念始于古罗马《阿奎利亚法》，经由耶林的创造性发展，最终为《德国民法典》采纳，[3]成为一般侵权损害赔偿请求权的客观构成要件。依据《德国民法典》第 823 条与第 826 条，侵权法违法性被概括为三种类型：侵害他人绝对权、违反保护他人之法律与故意违背善良风俗。[4]前两种行为称为形式违法，后一种行为

---

[1] 转引自张明楷：《刑法学》，法律出版社，2016 年，第 126 页。
[2] 转引自张明楷：《刑法学》，法律出版社，2016 年，第 126 页。
[3] 韩世远：《合同法总论》，法律出版社，2018 年，第 185 页。
[4] [德] 埃尔文·多伊奇、[德] 汉斯-于尔根·阿伦斯：《德国侵权法——侵权行为、损害赔偿及痛苦抚慰金》，叶名怡、温大军译，中国人民大学出版社，2016 年，第 39—40 页。

称之为实质违法。与之相对，刑法中违法性概念，也可以分为形式的违法性与实质的违法性，在德日三阶层体系中，对于该当构成要件的行为，不具备违法阻却事由，就具有违法性，这是形式违法性。实质违法性主要有规范违反说与法益侵害说之争。规范违反说认为刑法规范违反的实质是社会伦理规范，而法益侵害说认为违法性的实质是对法益的侵害或威胁。

德国侵权法中，违法性理论经耶林阐述之后，又形成了客观违法与主观违法之分。客观违法即违法性，主观违法即有责性，这也是《德国民法典》的理论基础。同时刑法也存在关于客观的违法性与主观的违法性的区分。刑法上的客观违法性将刑法视为客观的评价规范，并不涉及责任领域；主观违法性将刑法规范视为命令性规范，违法性的有无需要判断行为人的责任能力。这一点上，两者具有相通性。

关于侵权法中实质违法性的判断标准，有结果不法说与行为不法说之分。结果不法说以绝对权受到侵害作为违法性判断标准，仅在侵害行为存在违法阻却事由时阻却违法，这是一种客观标准。行为不法说认为，违法性的判断除了根据行为对绝对权等法益的侵害结果推定外，还应兼顾导致法益侵害的行为本身的不法。由此，在过失侵权中，不法的判定以是否违反一般注意义务为标准。因注意义务属于过错的范畴，由此，行为不法说实际上未将违法性与过错进行明确区分，这实际上掺入了主观因素。从侵权法违法性的判断对象看，结果不法说将违法性定位为与责任无关的客观结果，这是结果无价值的表现。而行为不法说则摒弃了绝对的结果不法，从行为本身及行为伴随的因素出发，兼顾行为与行为侵害法益的结果，以此关照到在社会急剧发展中因缺乏明确法律规定而得不到救济的新兴权益，这是同时重视结果无价值与行为无价值的二元论。犯罪论领域同样存在结果无价值论、行为无价值论及二元论。

由此，刑事违法性的判断与侵权法中违法性的判断具有某种程度的暗合，刑法脱胎于侵权行为法又从侵权法中分离，刑法产生的前提应当是侵权行为法的发达。从刑民关系的历史演进看，这种暗合应该不难理解。这也从一个侧面说明所有法领域"一般违法"概念的共通之处与缓和的违法一元论的可取之处。

第二，缓和的违法一元论与我国犯罪概念的理论具有共通性，即制约犯罪成立的定"量"因素。在日本，缓和的违法一元论以可罚的违法性理论为前提。作为一种司法理念，在判例中形成的可罚的违法性理论，意在限制处罚范围。在德国的刑法理论中"违法性"与"不法"严格区分，违法性只存在"有"或者"无"，并不承认程度。韦尔策尔曾根据社会相当性理论对违法性阶层的实质评价提出可能，其认为法秩序除了禁止规范以外，还包括容许命题，因此构成要件符合后仅仅在违反规范的意义上还不是违法的，只有在没有介入容许命题（正当化事由）的场合才能确定为违法。[①] 该种论断提出一个前提：在一般违法性与刑事违法性之间存在一个过渡阶段。虽然德国主流并未接受这一观点，但是日本却发展出了可罚的违法性理论。该理论认为，犯罪成立要件的违法性只能是值得科处刑罚的违法性，即在"一般违法性"这一全体法领域共通的概念之下，对法益的侵害达到一定"量"的程度，具有社会相当性的"质"的要求，这种意义的刑事违法性，称之为"可罚的违法性"[②]。即对于具有一般违法性的行为，如果在刑法上该当构成要件，需要在违法阶段进一步区分是否具有"可罚的违法性"。具有一般违法而不具有可罚的违法性的行为不成立犯罪；具有一般违法同时具有可罚的违法性的行为才可能成立犯罪。如果说，构成要件承担了不法行为类型的"定性"需要，使得民法与刑法在一般不法这一上位概念上实现了法秩序的统一，那么，可罚的违法性则进一步通过量的筛选，最终判定行为刑法上的违法性即可罚性。因此，缓和的违法一元论对于刑事违法性的判断

① 张明楷：《外国刑法纲要》，法律出版社，2020年，第74页。
② 王昭武：《犯罪的本质特征与但书的机能及其适用》，《法学家》2014年第4期，第77页。

实际采用了"一般违法性＋可罚的违法性"这一二重的判断结构，而可罚的违法性理论蕴含着犯罪定"量"的观念。

《中华人民共和国刑法》第十三条规定，"情节显著轻微危害不大的，不认为是犯罪"；刑法分则具体罪状中"情节严重、情节恶劣、数额较大"等定量因素 [①] 的规定。这说明，我国对行为的刑事违法性判断，是在具有一定社会危害性——一般违法性的基础上，进一步判断行为的社会危害性是否达到应受刑法处罚的程度——可罚的违法性。具体而言，当行为符合客观构成要件后，并不意味着其违法程度达到应受处罚的程度，在此基础上需通过定量因素进一步评价行为的可罚程度。这被学界称为是我国刑事立法中犯罪圈的"定性＋定量"模式。而这种定量模式正是可罚的违法性理念的体现。因此，可罚的违法性理论中犯罪定量的观点与我国犯罪概念中的定量因素有着本质的共通与契合，均是在行为的不法性质确定的情况下，对是否应达到可罚性程度的考察，是对不法量域的要求。因此，我国犯罪圈既定性又定量模式并未完全排除刑法、民法在法秩序统一这一前提下的差异性，同时，又相对的衔接了刑法、民法在违法性判断中的诸多问题。这与缓和的违法一元论的理论构造在逻辑思路上更具有契合性。

第三，立足于刑法规范行为规范与裁判规范的二元属性，违法判断的一元性应当是立法者、司法者、解释者及社会公众应该追求的最佳效果，这种一元性并非逻辑上的一致，而是评价上的一致。

刑法规范具有行为规范与裁判规范的双重属性。刑法规范首先是行为规范，"是以对社会中的各种危害行为事实定型化的构成要件为核心和基本内容，旨向社会民众明示什么样的行为是犯罪，并对该行为规定一定的刑罚，以教育、告诫民众不以身试法，从而实现对法益的保护和

---

① 储槐植、汪永乐：《再论我国刑法中犯罪概念的定量因素》，《法学研究》2000年第2期，第36页。

社会秩序的维护"①。立足于刑法规范首先是行为规范这一属性，法规范作为国家意志的直接体现，对于同一个法律事实，其所传达的授权、命令或禁止模式，不应既允许又禁止、既合法又违法。法律应向社会大众清晰的传达其对具体行为的评价态度，否则会使得社会大众的预测可能性受损，进而破坏大众对法律的安全感和信赖。因此，作为行为规范的法，其违法性应要求在所有法领域之间进行统一的、一元判断。现实生活存在各种矛盾，作为上层建筑的法必要受到经济基础的决定与社会发展的约束。同时，因部门立法的局限，法律在实际运行中存在冲突、不协调的情形是客观存在的，这同样需要在法解释论中以违法判断的一元论为基调寻求衔接之道。

同时，承认刑法规范的裁判规范属性。在刑法是司法法的前提下，虽然行为规范是刑法的基础部分，但刑法的关键部分却是裁判规范。②卡尔·恩吉施指出，法官在适用某个法律条文时，同时也是在适用整体法规范，或者说，法官虽然是对个别案件进行判断，但仍需从整体法秩序的角度进行判断。③因此，从司法裁判行为看，法规范的集合体也不应因存在自我矛盾导致冲突的判决结果，进而，违法判断的统一性成为一种必要。

（四）刑事违法性判断与法秩序的统一性

团藤重光教授指出，"将具有阶层构造而存在的法规范形成为一个体系的时候，被称为'法秩序'"，④法秩序由多个法领域构成。当由宪法、民法、刑法、行政法等多个法律部门构成的法秩序内部不存在相互矛盾

---

① 转引自骆群：《过失危险犯有限肯定论》，《中国刑事法杂志》2022年第6期，第25页。

② 陈晓东：《法规范论视角下的刑事违法性：概念解读与司法适用》，《中国应用法学》2022年第6期，第226页。

③ 转引自王昭武：《法秩序统一性视野下违法判断的相对性》，《中外法学》2015年第1期，第173页。

④ ［日］曾根威彦：《刑法学基础》，黎宏译，法律出版社，2005年，第212页。

时，便是法秩序的统一性。具体言之，某一具体行为在法领域之间合法与否的认定，应在整体法秩序内做统一的价值判断，从而避免出现不同法领域之间相互抵触、冲突的结果。由此，法秩序的统一性并不必然得出不同法领域间形式上的一致性或逻辑演绎上的一致，而是价值上、实质上的一致，是在承认刑法与民法在各自法领域存在立法旨趣、规范功能、调整手段、评判侧重等各方面存在诸多差异的前提下，在法的整体向度内实现的价值统一。

法秩序应当具有统一性，应当成为刑法解释学的当然前提。法律系统是由以宪法为顶点与其他部门法一起形成的阶层构造。从这一意义而言，法秩序包括宪法与部门法以及位于同一位阶的部门法相互间的关系两种情况。一般情况下，人们也更容易从阶层构造这一层面来理解法秩序的统一性，并设定了解决冲突的既定形式规则，例如上位法优于下位法、特别法优于普通法、新法优于旧法。刑法、民法属于统一位阶，这种同位阶法秩序的统一与协调问题似乎很难从具有阶层构造的法秩序统一中逻辑性的解读出来。对于刑法与民法关系而言，受部门立法的制约，刑、民规范间的冲突是客观存在的，例如刑法与民法所有权概念的差异、刑法对间接占有的否认；同时，部门立法实际上也无法预设既定的成文规则来解决客观的冲突。笔者认为，在法秩序统一性视野下，维持刑民规范的一致性，属于刑法解释学的任务。

对于违法性的判断，如果将民法上合法的行为认定为具有刑事违法性，就会出现"合法即非法"的矛盾效果，从而破坏法秩序的统一，也违反了刑法作为"二次规范"的补充性。笔者认为，基于各自的规范目的与立法旨趣，对于同一行为的解释，刑法、民法可以存在差异，但在法秩序内部不能发生相互矛盾、冲突的结果，法秩序应做统一的价值判断。

因此，即使坚持刑法相对论，将"值得处罚"作为独立的实质判断内容，但其判断也不应脱离保护法益的约束。在解释论的具体情形中，刑法与民法的规定及解释论上的差别是客观存在的，但违法性的判断应以法秩序的统一性为前提。即，即使刑法上所有权、占有、不法原因给付、自力救济的意义不同于民法，也不能发生民法上违法而刑法上正当，或者刑法上不法而民法上合法的情况。在法秩序统一性的前提下，刑事违法性与民事不法性的判断不应发生对立。

第三节　刑民程序关系的体现

一、刑民程序关系的体现——以刑民交叉案件为视角

对于刑民程序关系的探讨，笔者选择以刑民交叉案件作为视角。理由如下：

刑民交叉案件是司法实践中客观存在的现象。刑民程序关系研究首先发端于实务部门对刑民交叉案件的审理，并带有一定的自发色彩。在部门法分工的背景下，随着司法实践中大量刑民交叉案件的出现，迫于实践的需要，实务界开始关注刑民交叉问题。刑民交叉案件是刑民关系理论研究中回避不了的一个方面。从研究方法看，刑民程序关系的研究更侧重于以刑民交叉案件的处理——这一实践为背景的研究方法，这种"问题的思考"是从"实践到理论"的展开。同时，从研究内容看，对刑民程序关系的研究更多表现在审理模式、刑民裁判冲突、案件类型、法院管辖、既判力、证据采信等，这些问题点相对零星、分散，但同时这些问题的出现又均以刑民交叉案件为线索或纽带。由此，在借鉴前人研究方法基础之上，笔者拟以刑民交叉案件为视角展开对刑民程序关系的研究。

二、刑民交叉案件的定义与本质

目前，学界对刑民交叉案件没有形成统一规范的定义。有学者认为，刑民交叉案件，"又称刑民交织、刑民互涉案件，是指既涉及刑事

法律关系，又涉及民事法律关系，且相互之间存在交叉、牵连、影响的案件"①。这种观点侧重于民刑责任的区分。② 也有学者认为民刑交叉案件是指，"在诉讼实践中因特定事实关联而导致刑事法律关系与民事法律关系相互交叉、竞合的案件"③。目前，学界对刑民交叉案件的定义大多从法律关系的角度进行界定。笔者认为，仅仅从刑、民法律关系的角度界定刑民交叉案件的概念不够科学。刑民交叉案件的概念与刑民交叉案件的本质密切相关，刑民交叉案件的定义应从探究刑民交叉案件的本质出发。

关于刑民交叉案件的本质，我国学者进行了比较深入的研究。一种观点认为，刑民交叉案件的本质是责任竞合④；第二种观点认为，刑民交叉案件的本质是刑、民法律关系之交叉；第三种观点认为，刑民交叉案件的本质是刑、民法律事实之交叉。⑤

笔者认为，刑民交叉案件的本质是刑、民法律事实的交叉。首先，刑民交叉案件的本质不是责任竞合，责任竞合仅是刑民案件产生交叉在责任承担方式上的结果表现。

其次，刑民交叉案件的本质不是法律关系的竞合或交叉。刑事法律关系是指行为人实施了犯罪之后，存在于犯罪人与国家之间，由刑事法律规范加以确认和调整，以刑事实体法律关系为内容，以实现刑事责任为首要目标的法律关系。民事法律关系是平等主体之间的关系，同时民

---

① 何帆：《刑民交叉案件审理的基本思路》，中国法制出版社，2007 年，第 25—26 页。

② 赵龙：《民刑交叉诉讼中正当程序原则适用的规范性考察》，《华东政法大学学报》2021 年第 3 期，第 147 页。

③ 杨兴培：《刑民交叉案件的类型分析和破解方法》，《东方法学》2014 年第 4 期，第 3 页。

④ 王振、唐子艳：《权益平衡保护的技术分析与法理思考》，《湖北警官学院学报》2009 年第 6 期，第 25 页。

⑤ 龙宗智《刑民交叉案件中的事实认定与证据使用》，《法学研究》2018 年第 6 期，第 3—4 页。

事法律关系一般是由当事人双方依据自己的意思自愿设立的，是意思自治的结果。从法律关系各要素看，刑事法律关系发生在犯罪人与国家之间，内容涉及刑罚权与刑事责任；而民事法律关系发生在平等主体之间，以民事权利、义务为内容。诚然，在刑民法律关系各要素之间，存在主体、客体的交叉。例如，在故意杀人案中，民事法律关系中的侵权人也是刑事法律关系中的被告人，主体重合。但是，"关系"是事物之间相互作用、相互影响的状态，而不是孤立的某个要素。法律关系作为一种特定状态，刑、民法律关系是否存在交叉应与刑、民法律关系的要素是否存在交叉作出区分。刑事法律关系是国家与犯罪人之间达成的一种状态，而民事法律关系特指平等主体之间达成的一种状态，两者之间不存在交叉、重叠。

最后，刑、民交叉案件的本质是法律事实的交叉（对此，笔者在本书第一章第二节之"同一法律行为对法律关系的影响——刑民关系的基础"中作出论述）因单纯的法律事件不可能引起犯罪，笔者以法律事实的核心概念——法律行为展开说明。有学者指出，现代诉讼的本质，在于实现全面理性的规范沟通。[①]

法律行为具有规范属性，一个法律行为可能纳入刑法、民法等多个部门法视野，一个法律行为可能导致多重法律关系。由此，在以法典为载体的部门法世界里，以法律行为为中介，因同一法律行为所导致的多重法律关系，可能分别属于民法和刑法调整，并由此导致调整方式及法律后果的纵横交错与交错重叠。例如，当刑事法律行为 1 与民法法律行为 1 背后的行为为同一行为，同时因法规竞合，刑事与民事法律规范均对该法律行为作出规定且均予以适用时，就会导致形式上同一行为同时指涉刑事法律关系和民事法律关系的情况出现，这是刑民案件交叉的本质。

---

① 陈文曲：《现代诉讼的本质：全面理性的规范沟通》，《政法论丛》2020 年第 2 期，第 127 页。

因此，笔者认为，刑民交叉案件的定义应从法律事实出发，有学者也提出"真正的，也是值得研究的刑民交叉案件，只能是基于同一法律事实而产生刑事诉讼与民事诉讼竞合的案件"[①]。笔者认为，所谓刑民交叉案件，是指因同一法律事实同时侵犯了刑事法律关系和民事法律关系，由此导致法律适用及责任承担方式上产生竞合的案件。

[①]　樊崇义:《刑民交叉是否必须"先刑后民"》,《检察日报》2008 年 3 月 3 日。

第三章 刑民实体关系的具体展开
——以类型化研究为视角

第一节 货币占有行为的刑民实像

一、货币"所有与占有"的民法规则与货币的侵占

（一）问题的提出

《中华人民共和国刑法》第二百七十条第（一）款规定，"将代为保管的他人财物非法占为己有，数额较大，拒不退还的"构成侵占罪。如果代为保管的是他人之货币，此时因民法中货币"占有即所有"规则的存在，行为人代为保管的货币是否可能成为侵占罪的犯罪对象？

对于此问题的回答，部分刑法学者从刑法独立性的立场出发，认为"在民法上，'货币所有与占有相一致'是一项通行不悖的基本原则，但这并不意味着它会自动在刑法领域取得天然的正当性"[①]，"基于刑法独立性之品格，刑法对货币所有权属性问题亦完全可以做出不同于民法之解释"[②]。对此，暂且搁置对于论者结论妥当与否的讨论，笔者所关注的问题是，论者对侵占罪的论证存在一个较为明显的逻辑前提：民法中"货币所有与占有相一致"，而刑法侵占罪中对货币所有与占有的讨论可以

---

① 王立志：《货币可以成为侵占罪的犯罪对象》，《河南师范大学学报（哲学社会科学版）》2009 年第 36 卷第 3 期，第 124 页。

② 王立志：《货币可以成为侵占罪的犯罪对象》，《河南师范大学学报（哲学社会科学版）》2009 年第 36 卷第 3 期，第 125 页。

独立进行。

　　然而，在货币占有问题上，刑法与民法真的存在如此大的隔阂吗？民法中货币所有权及其流转的规则究竟应怎么解读？刑法、民法对于货币的占有的理解，是否存在沟通与调和的可能？在民事领域，作为种类物的货币适用"占有即所有"原则，货币归属于其占有者，占有货币之人自然取得了货币的所有权。依据该理论，货币所有权的转移具有无因性，不论货币占有变动的原因为何，均导致所有权变动这一结果。相对于民法，刑法学一般认为，货币可以成为侵占罪的犯罪对象，例如封金以及代为保管的金钱可以成为侵占罪对象的"他人的财物"，账号名义人对错误汇款为占有而非所有，完全可能成立侵占罪。而这一逻辑存在的前提是民法领域中的货币"占有即所有"原则在刑法领域并非当然适用。那么，民法中货币"占有即所有"规则在刑法中是否具有天然的正当性？如果将问题延伸至更宽广的领域讨论，暂且抛开刑法独立性与刑法从属性之争，仅就解释论而言，刑法相关概念的内涵与外延是否应与民法保持最大限度的一致性？两者之间是否存在调和的余地？

　　（二）民法视野中的"占有即所有"规则

　　1.货币"占有即所有"规则

　　民法理论通说认为，货币所有权归属与流转的基本规则为货币"占有即所有"原则。法谚有云"货币属于其占有者"，在货币所有与占有的关系上，"货币的所有者与占有者一致"[①]。例如，甲出借一辆汽车于乙，该汽车所有权与占有分离，所有权人为甲，乙为占有。如果甲出借一万元钱于乙，无论占有变动的原因为何，货币占有与所有权均转移于乙。依此原则，货币的所有权与占有融为一体、不可二分，货币的所有人即为货币的占有人，取得货币的占有亦为所有，丧失货币的占有亦丧失所有。由此，在物权效力上，相较于其他物权变动规则，货币具有特殊性：

---

　　①　陈铜铜：《论法谚的司法运用》，《法学》2021年第7期，第165页。

（1）货币所有权转移的无因性。货币因使用而交付，货币的使用需以交付为前提，使用、交付行为作为货币的处分行为遵从物权行为的无因性，无论货币占有变动的原因为何，均导致货币所有权转移的结果。

（2）《中华人民共和国民法典》物权编关于原物返还请求权及占有回复请求权之规定不予适用。货币占有转移后，不能根据原物返还请求权要求返还原物，仅能基于债权请求权返还等额金钱、基于侵权行为提出损害赔偿请求或者根据不当得利制度获得救济。另外，货币所有权的行使一般也不存在排除妨害、消除危险、恢复原状。①

（3）不适用善意取得制度。由于"货币所有属于其占有者"，无论取得货币之人为善意还是恶意，均不影响其取得所有权，由此保障货币交易的安全。

2. 货币"占有即所有"规则的前提

一般认为，货币作为一般等价物，其流转及归属适用"占有即所有"，是"由货币的性质和职能所决定"②。这里的"性质"具体指货币是一种具有高度替代性的种类物和消费物。

就其性质而言，货币是一种具有高度替代性的种类物。同时，货币作为一般等价物而存在，是由价值尺度和流通手段决定的；支付手段的职能决定了货币的高度流通性。正如德国社会学家西美尔在其《货币哲学》中指出："货币的意义就在于被花掉；当货币静止不动时，根据其特有的价值与意义，就不再称其为货币了。……货币可以说是纯粹的行动。"同时史尚宽先生认为："交易习惯是区分替代物与非替代物的主要原因，与物理性质无关。"③ 这意味着，一般意义上而言货币具有高度替代性，但货币在特定场合是否均属于替代物取决于特定场合下的交易习惯。

---

① 刘保玉:《论货币所有权流转的一般规则及其例外》,《山东审判》2007年第6期，第6页。

② 梁慧星:《民法总论》,法律出版社,2021年,第156页。

③ 史尚宽:《民法总论》,中国政法大学出版社,2000年,第253页。

货币是法定的消费物。民法学以物使用后是否即时消灭为根据，将物分为非消费物与消费物。依一般使用方式，使用后仍可保持原本的形体及本质，而可重复用于同一目的的物为非消费物。使用后即时消灭之物为消费物。借贷因此也分为使用借贷和消费借贷。非消费物可为使用借贷的标的物，同时订立使用非消费物为目的的契约不须移转所有权。[①] 消费物可为消费借贷的标的物，转移所有权。在已生效的消费借贷合同中，因标的物的所有权已转移至借用人处，该标的物属于借用人而非出借人所有，出借人仅拥有债权请求权——要求返还同类同品质等额财产。因此在消费借贷中，实际上暗含了一种合同宗旨，即返还等额价值同类财产。

货币作为法定消费物，同样遵循消费借贷流转的一般规则，即在货币借贷中，出借人因受让丧失货币标的物的所有权，借用人因占有即时取得货币所有权，并负有返还等额货币（及利息）的债务。"金钱所有权为典型的价值权"[②]，等额货币可以等额货币替代。本质而言，货币以法律的形式被确定为一般等价物，不能特定，货币特定化的直接命运就是丧失货币一般等价物的属性，货币"占有即所有"规则也被打破。由此，货币"占有即所有"的逻辑前提是货币基于非特定化，"占有人使用占有货币时，享有等额货币所有权"[③]。

就货币的职能而言，大陆学者一般借鉴台湾地区学者郑玉波先生的观点。郑玉波先生认为，货币采用"占有即所有"规则的理由如下：

第一，货币的本质使然。流通性是货币的本质属性，在流通中货币的个性得以消解。第二，货币的价值使然。"货币是一种有关信用的社会合约和制度"，货币的价值以国家信用及法律保障为基础，而一般物的交换价值以使用价值为前提和基础，由此所有权能存在与占有分离的

---

① 王泽鉴：《民法总则》，北京大学出版社，2009 年，第 228 页。

② 孙鹏：《金钱"占有即所有"原理批判及权利流转规则之重塑》，《法学研究》2019 年第 5 期，第 33 页。

③ 李锡鹤：《作为种类物之货币"占有即所有"无例外吗——兼论信托与捐赠财产的法律性质》，《法学》2014 年第 7 期，第 46 页。

可能性。而货币价值的抽象性使得,货币之所在,即其价值之所在。货币除占有者之外,不需审核其所有者。第三,交易上需要使然。如果承认具体交易中货币所有与占有的分离,那么货币交付之际,需逐一调查货币之真权利人。如果交付的货币另有所有权人,则所有人可以基于原物返还请求权要求第三人返还,第三人应予返还,由此导致货币的流通机能受损,交易无法进行。从交易需要看,货币占有需要与所有一致。①

由此可知,货币采"占有即所有"规则的逻辑前提是,货币是一种具有高度替代性的种类物和消费物,进而等额货币可以等额替代。一旦脱离这一特定前提,货币"占有即所有"便失去了存在的空间。

3. 货币"占有即所有"规则与物的特定化

货币"占有即所有"规则的逻辑前提是,货币是一种具有高度替代性的种类物和消费物。一旦货币特定化,货币不再充当或发挥其流通手段的机能、具有了可识别性,货币就失去了作为一般等价物的意义,"占有即所有"规则不予适用。《中华人民共和国物权法》第二条第三款规定:物权是"权利人依法对特定的物享有直接支配和排他的权利",该规定对物的特定性提出要求。

目前,民法学者在承认货币"占有即所有"规则的前提下,提出了该规则适用的例外情形。归纳起来,主要包括以下几点:(1)货币"占有即所有"规则不适用于辅助占有。例如存在上下级从属关系、雇佣关系时,事实上占有货币的人不再被视为占有人。(2)个性大于共性的特殊货币不适用"占有即所有"规则。例如在货币收藏中,此时被收藏的货币退出价值尺度、流通手段或支付手段的职能,并因货币特定化而由替代物变为不可替代物。即使在流通中的普通货币,也可能由于其编号、年代等特殊性的影响,依交易习惯被认为具有不可替代性。(3)封金等特定化的货币不适用"占有即所有"规则。例如金钱作为特定物被委托

---

① 郑玉波:《民法物权》,三民书局,1982年,第417—418页。

的场合，此时货币丧失了代替性与高度流通性的特征，货币的所有与占有可以分离。（4）专用资金账户的钱款不适用"占有即所有规则"。例如在行纪、信托等商事关系中，行纪、信托财产为"独立"财产，行纪人、信托人不享有财产所有权，货币"占有即所有"规则不予适用。

4. 货币"占有即所有"规则的比较法考察

德国民法学界通说认为，物分为不动产与动产，不动产之外的一切物均为动产，主要包括消费资料和货币，[①]货币适用动产的法律规定。当金钱在占有人处且已经特定化时，可适用《德国民法典》第985条关于所有物返还请求权之规定；金钱未特定化时，仅成立债权请求权，不得适用《德国民法典》第985条之规定。除通说外，德国民法上"占有即所有"说肯定货币"占有即所有"规则的同时，承认规则的例外，如占有辅助人、合伙执行人、信托财产之受托人、破产清算人占有货币，不适用"占有即所有"原则。[②]物权性价值返还请求权说认为，货币返还请求权的标的为金钱之价值，非货币本身，即使其价值载体即货币本身已经丧失特定性，所有人基于价值所有权仍可行使价值返还请求权，从而享有优先受偿权和取回权；同时，物权性价值返还请求权以占有人保有金钱价值的同一性为成立要件。

在法国，民法判例认为，真正的货币所有人在可以证明其权利的前提下可以要求返还金钱。在法国1929年7月17日保险公司要求被责令破产的经纪人返还为其收取的保险费的案例中，法国最高法院民事法庭最终判决原告败诉。该判决指出："依《法国民法典》第2279条的规定，如果不是针对特定物，当事人要求返还的主张不得支持；当涉及可替代物如金钱时，返还原物原则上是不可能的，除非其在物质上得以特定化

---

① 周枏：《罗马法原论》，商务印书馆，1994年，第285页。

② ［日］能见善久：《金钱之法律属性》，［日］星野英一主编：《民法讲座》（别卷1），有斐阁1984年，第111—112页。

及要求返还的是与债权人所取得的财产完全同一的财产。"[①]

日本早期的判例和通说为物权说,即货币作为动产,应遵从民法关于动产物权变动的法律规定,货币所有人可以行使所有物返还请求权,但该物权请求权以占有人持有特定货币为成立前提,在金钱混同或第三人善意取得的场合,金钱原所有人丧失金钱所有权。后来,价值说借鉴德国法"占有即所有"规则,占据了日本学说之通说地位并被日本判例所接受。价值说存在四种观点:(1)货币"占有即所有"规则绝对适用。(2)采"占有即所有"规则,承认原则的例外,该说以货币是否发挥流通领域的职能为区分标准,发挥流通领域职能时,货币原所有人享有债权请求权;未将货币投入流通领域而占有,货币具有一定的可识别性,委托人为所有人,该说为日本通说。(3)"占有即所有"原则限制说。该说认为,在货币充当商品交换媒介时,适用"占有即所有"规则;不涉及货币流通手段机能时,不适用"占有即所有"规则。(4)物权性价值请求权说,该说认为货币既为载体之有形之物,又为价值符号,货币实质是一种价值,货币所有权实质为价值所有权。价值返还请求权的标的应为货币彰显之价值而非货币载体自身,故原所有权人仅须说明金钱价值同一性,就应享有价值回复请求权。由此,当金钱混同后,并不丧失其价值同一性,原所有权人可以行使价值请求权,但在占有人将该金钱用于清偿自身债务或混同后取得代位物、消费寄托的金钱债权时,金钱的价值同一性丧失,原所有人无权行使价值请求权。

通过前文的梳理可知,除日本价值说之(1)"占有即所有"规则绝对适用的观点外,虽然大陆法系各国民法对货币"占有即所有"规则获得多大程度的认可态度不一,但在货币所有权问题上,不论对"占有即所有"规则持何种态度,"占有即所有"规则在特定民事法律关系领域确实存在例外,应是公认的。

---

① 转引自尹田:《法国物权法》,法律出版社,2009年,第169页。

5. 几种特殊情况的货币所有权的立法规定

（1）存款所有权的归属

关于存款所有权的归属问题，我国相关法律表现出相互矛盾的态度。1982 年《中华人民共和国宪法》和《中华人民共和国民法通则》均明确了存款的所有权属于存款人，例如《中华人民共和国宪法》第十三条规定，受国家保护的公民的所有权包括"合法的收入、储蓄、房屋和其他合法财产"。2004 年宪法修正案修改为，"公民的合法的私有财产不受侵犯"，储蓄是否为公民的合法财产却语焉不详。《中华人民共和国民法通则》第七十五条明确了储蓄的所有权归属公民个人。然而对于储蓄的所有权归属，《中华人民共和国民法典》却未予明确①，《中华人民共和国商业银行法》第七十一条规定，对于破产清算的商业银行，只有"在支付清算费用、所欠职工工资和劳动保险费后，应当优先支付个人储蓄存款的本金和利息。"商业银行对"本金和利息"的"优先支付"，从侧面说明一旦存款合同有效成立，存款所有权即转移至银行。这也是我国学界的主流观点，司法实务界亦予以认可。

以广东某信托投资公司破产案为例。针对债权人以信托存款为依据，认为信托存款属于信托财产，受托财产的所有权属于委托人，要求行使取回权的诉讼请求，广东省高级人民法院认为：信托存款单具有存款合同的特征，广东某公司与存款人双方是债权债务关系，并非信托关系。宣告破产后，广东某公司的剩余存款应当确认为破产债权，存款人不享有取回权。对于其所属证券交易公司营业部收取的股民保证金的所有权归属问题，该院认为：在证券机构股民缴存保证金的行为属于委托行为。股民可以取回股票交易保证金余额。②

通过此案可知，广东省高级人民法院的裁判逻辑是，因存款合同的

---

① 《中华人民共和国民法典》第二百六十六条规定，私人对其合法的收入、房屋、生活用品、生产工具、原材料等不动产和动产享有所有权。

② 《中华人民共和国最高人民法院公报》，2003 年第 3 期，第 27—29 页。

有效成立，存款人与金融机构之间是债权债务关系，存款归属于银行所有；而在委托保管法律关系中，并未改变保证金所有权的属性，委托人享有金钱的所有权。可见，在存款法律关系中，我国案例实际上肯定货币"占有即所有原则"，货币所有权属于金融机构，双方是债权债务关系。而在委托保管行为中，货币所有权的转移作为货币"占有即所有"规则的例外，不再适用。

（2）封金等特定化的货币

相对于具有高度流通性与替代性的货币，收藏货币、封金、被寄托的金钱等货币因当事人的意思自治、合同要旨或交易习惯而被特定化。根据物权特定性原则，一旦种类物特定化，应适用《中华人民共和国民法典》物权编规定的动产物权变动规则，所有权与占有可以分离，占有人占有货币，原货币所有人所有货币，原货币所有人的返还请求权不再是债权请求权而为物权请求权。例如，最高人民法院《关于适用〈中华人民共和国担保法〉若干问题的解释》（以下简称《担保法解释》）第八十五条规定，"债务人或者第三人将其金钱以特户、封金、保证金等形式特定化后，移交债权人占有作为债权的担保，债务人不履行债务时，债权人可以以该金钱优先受偿。"该条中，封金、保证金账户在满足"特定化"以及"移交占有"的要件后，因质押关系存在，债权人不能直接取得货币的所有权，不能任意使用、支配，仅能在债务人不履行债务这一条件下享有相对于一般债权的优先受偿权，是对封禁等特定化货币的动产质押性质的认定，即占有者并非所有该特定化货币。《中华人民共和国民法典》生效后，2021年实施的《最高人民法院关于适用〈中华人民共和国民法典〉有关担保制度的解释》（以下简称《民法典担保制度解释》）将"封金"这一概念删除，同时对保证金账户担保重新作出规范，将其纳入一种"新型""非典型担保"范畴，[①] 也只是在名称上放弃

---

① 最高人民法院民事审判第二庭：《最高人民法院民法典担保制度司法解释理解与适用》，人民法院出版社，2021年，第579页。

传统的归类，但不影响这一论证逻辑的展开。

（3）信托所有权

关于信托财产，依据《中华人民共和国信托法》第十五条、第十六条规定，信托财产应与受托人所有的财产以及委托人未设立信托的其他财产相区别。关于信托财产的所有权归属问题，该法第五十四条规定，信托行为终止后，"信托财产归属于信托文件规定的人，信托文件未规定的，按下列顺序确定归属：（一）受益人或者其继承人；（二）委托人或者其继承人"。虽然目前，信托财产的法律性质仍是民法理论的国际性难题，但信托财产的所有权归属具有特殊性这一点无疑是明确的。信托财产是相对独立的财产，既区别于信托人的自有财产，又不能与受托人的财产混同，因此，信托财产亦不可简单适用货币"占有即所有"规则。

论述至此，回到此前货币能否成为侵占罪的犯罪对象的问题。如前所述，有刑法学者认为，货币"占有即所有"规则在民法领域一律绝对适用，而刑法具有自身的独立性，在侵占罪论及"物的他人性"时，似乎民法与刑法之间存在巨大的阻隔。其实，这里存在着刑法学者对民法有关货币所有权变动理论的误读，由此造成了处理货币能否成为侵占罪的对象这一刑民交叉问题的障碍。

笔者认为，首先有必要对货币"占有即所有"规则的适用前提予以澄清。对于货币的"占有即所有"规则，通说逻辑存在的前提是货币作为具有高度替代性的种类物和消费物，流通性是其本质属性，货币不具有个性和物的特定性，因此货币"占有即所有"，不适用《中华人民共和国民法典》物权篇关于动产物权变动规则。而一旦因合同宗旨、当事人意思自治或交易习惯，货币特定化后，货币作为一般等价物的特殊性被剥离掉，作为民法中的"动产"，货币适用《中华人民共和国民法典》动产物权变动规则，即"合意＋公示（交付）"。此时，所有权与占有权能可以分离，货币"占有即所有"规则作为例外不再适用，货币亦为所有权返还请求权之标的。换言之,在民法理论中,货币所有权归属及其流转规则应包括两部分:作为种类物之货币"占有即所有"规则与货币特定化后"占有即所有"规则的例外适用。只有在澄清这一理论误解的前提下,民法理论与刑法理论在财产犯罪领域才能展开对话。

(三)侵占罪之"他人财物"

通过对民法中货币所有权归属及其流转规则的梳理,笔者认为,民法中货币"占有即所有"规则并非一项绝对适用的规则,当因合同宗旨、意思自治或交易习惯等情形导致货币特定化后,货币"占有即所有"规则排除适用。此时,货币作为特殊动产,适用动产物权流转规则。相应地,刑法上代为保管的他人货币应理解为货币的特定化。由此,刑法与民法对于此问题在解释论上存在调和的可能。

作为种类物的货币是否可以成为侵占罪的对象?对此,大陆法系国家刑法理论主要有所有权转移说、处分权转移说、超越权限说、允许消费说等学说。[①] 具体而言,所有权转移说认为,如果财物的所有权已转移至持有人,持有人对种类物的处分行为不为侵占。例如,在货币消费借贷法律关系中,货币的所有权已经转移至持有人,持有人享有处分权,其处分货币的行为不构成侵占。与之相对,在货币委托保管法律关系中,委托人并没有转移所有的意思,占有者处分该货币构成侵占罪。处分权转移说认为,种类物成为侵占罪的对象的前提是已经取得种类物的处分权,对种类物的处分行为不为侵占。允许消费说认为,如果所有人允许持有人消费,允许者不为侵占。超越权限说认为,种类物是否成为侵占罪的对象,应以行为人处分自己持有的他人之种类物是否超越其权限为准,超越权限者成立侵占罪。违背委任意旨说认为,如果行为人处分种类物的行为违背了委任意旨,成立侵占罪。目前所有权转移说是大陆法系刑法最有力的学说。

---

① 戚斌:《"寄托的现金"之占有问题研究》,华东政法大学硕士学位论文,2017年,第3页。

仔细斟酌，笔者认为，上述观点与民法理论中货币所有权归属及其流转规则具有一定程度的默契与暗合。以最有力的所有权转移说为例，该说的理论前提是"种类物的特定化"理论，即在物的具体形态上，种类物可以因合同宗旨、意思自治、交易习惯或特定媒质的介入而使自身转换为特定物从而不可代替。例如，在委托保管封金的场合，当委托人向受托人明确提出或根据委托宗旨受托人不可使用封金时，封金此时已经被特定化了，因此，委托人占有封金，受托人所有封金，受托人将受托保管的封金占为己有，存在成立侵占罪的可能。当委托人将货币经受托人转交于第三人时，此时被委托的现金因具有明确的用途而被特定化，暂时挪用的行为可能构成侵占罪，此时应着重考虑受托人是否具有填补空缺的主观意思与填补空缺的能力。而种类物特定化理论其实是纯粹的民法学理论。同时，民法货币"占有即所有"规则的例外适用，同样以此理论为逻辑前提。进一步思考，与其说两者存在一定程度的暗合，不如说刑法在关于"种类物能否成为侵占罪对象"这一问题的思考中，借鉴了民法的思考方式。因而，当作为种类物的货币特定化之后，货币可以成为侵占罪的对象，这一结论不但与民法货币"占有即所有"规则的例外适用表面上相一致，也存在内在的协调性。

因此，货币可以成为侵占罪的犯罪对象，这一结论的提出不是立足于刑法独立性，强调刑法、民法在货币所有与占有上的差异，而是对民法货币所有权的归属及流转规则更深入思考后的回答。

二、委托现金的占有与侵占罪的成立与否

根据《中华人民共和国刑法》第二百七十条第一款规定，"将代为保管的他人财物非法占为己有，数额较大，拒不退还的"，构成侵占罪。那么，对于代为保管的"他人的财物"为金钱时，所有权的归属将如何判断？进言之，如果受托人非法侵吞受托的金钱，该如何处理？是成立盗窃罪还是侵占罪？例如，实践中经常出现的携带所保管的他人巨款潜

逃的行为、偷拿代为看管的钱包的行为、受托存款后取走存款的行为、受托人窃取封缄物的行为等等。因此，面对错综复杂的现实案例，对于寄托的现金，刑法上所有及占有的判断应独立的进行还是依据民法进行判断？

（一）封金

封金即封存的货币，《中华人民共和国民法典》及《民法典担保制度解释》并未明确涉及封金概念，对于封金的定义目前并无定论。有学者认为，封金即是"诸如信封所密封的现金或者被锁在保险箱内的金钱等被采取了密封措施的金钱"[①]。笔者认为，封金并非着眼于其字面意义被"放入信封的金钱"，而是因采取了密封措施，"着眼于物的个性而交易的场合"[②]。根据原《担保法解释》第八十五条规定，"债务人或者第三人将其金钱以特户、封金、保证金等形式特定化后……"，封金可以理解为货币特定化的一种形式。

民法理论一般认为，基于货币的高度替代性、流通性的特点，货币采用"占有即所有"规则，同时根据物权特定化理论，当货币特定化后，货币仍适用物权流转规则，货币"占有即所有"规则存在例外。对于封金，如果遵从民法通说的解释论，那么，密封的金钱因货币的特定化，适用动产物权流转规则，所有权不发生转移，仍归属于委托者。由此，封金的所有权归属达成共识，但此时，封金的占有归属于谁？如果占有归属于委托者，则受托人的不法受领行为侵害了委托者对封金的所有权与占有，成立盗窃罪；反之如果委托者合法占有成立，成立侵占罪。由此可知，在封金所有权的归属问题上，刑法可以根据民法进行判断并保持一致，在此前提下，讨论封金的占有问题。

[①] 张红昌：《受托金钱的刑法评价——以金钱的占有与所有权为中心》，《法治论丛（上海政法学院学报）》2012年第27卷第3期，第16页。

[②] [日]佐伯仁志、道垣内弘人：《刑法与民法的对话》，于改之、张小宁译，北京大学出版社，2012年，第10页。

对于封金的占有，日本学者一般在"封缄物"中对此展开论述，存在"委托者占有说""受托者占有说""区别说"的对立。"委托者占有说"认为，封缄物及内容物均为委托者占有，受托者将封缄物整体或其内容物擅自占为己有均成立盗窃罪。团藤重光[1]、大塚仁教授[2]持此观点。"受托者占有说"认为，缄封物整体及其内容物均为受托人占有，侵害封缄物整体或仅侵害其内容物均成立侵占罪。牧野英一教授[3]持此观点，我国周光权教授[4]和刘明祥教授[5]也持此观点。"区别说"的代表人物为大谷实教授，他将封缄物的整体与其内容物作区分，封缄物整体由受托者占有，委托者保留对内容物之占有，因此，受托者侵占封缄物整体成立侵占罪，侵害内容物成立盗窃罪。日本判例肯定此观点，我国张明楷教授[6]也主张此说。"修正的区别说"为西原春夫教授主张，他认为内容物为委托者占有，包装为受托者占有，因此，受托者拆封密取内容物侵害了委托者的占有，成立盗窃罪；侵害封缄物整体，对于包装外壳为侵占、对于内容物为盗窃，两者成立想象竞合，从一重处断。[7]黎宏教授从占有概念的抽象化、观念化出发持此观点[8]。

笔者认为，上述学说争论的核心在于封缄物的占有究竟属于委托人还是受托人。造成这一争论的根本原因在于，刑法中是否承认占有的观念化以及多大程度上承认。占有的观念化直接体现为占有状态认定标准的变化。在占有状态的认定标准上，受托者占有说重视占有的事实支配

① 黎宏：《论财产犯中的占有》，《中国法学》2009 年第 1 期，第 115 页。
② 转引自赵毛毛：《财产犯罪中的占有认定研究》，山东大学硕士学位论文 2021 年，第 15 页。
③ 张明楷：《刑法学》，法律出版社，2007 年，第 698—750 页。
④ 周光权、李志强：《刑法上财产占有概念》，《法律科学》2003 年第 2 期，第 42 页。
⑤ 刘明祥：《财产罪比较研究》，中国政法大学出版社，2001 年，第 337 页。
⑥ 张明楷：《刑法学》，法律出版社，2007 年，第 726 页。
⑦ ［日］西原春夫：《犯罪各论》，筑摩书房，1983 年，第 214 页。
⑧ 黎宏：《论财产犯中的占有》，《中国法学》2009 年第 1 期，第 117—118 页。

力，既然受托者物理地、现实地支配了封缄物整体，那么包装外壳及内容物均属于受托人占有。委托者占有说则承认占有的观念化，占有不仅为纯粹的事实支配可能性，"对于财物的支配问题，需要通过日常生活中的观念加以判断，占有的概念主要通过公众观念来认定"[①]。封缄物封口、密闭的事实表明，从委托目的而言受托者的支配可能性是违背委托者意愿的。区别说与修正的区别说试图调和委托者占有说与受托者占有说的紧张关系，既考虑了受托人对封缄物的现实支配又考虑了封缄物封口、密闭的事实，以此将占有的事实要素与规范要素调和，这种思考方式带有一定启发意义。

占有概念的扩张与限缩即为占有概念的观念化。"为了满足社会生活的现实需要，现代民法占有观点已通过人为的加工与拟制得到了扩张与限制，占有概念也随之观念化。"[②] 由此可知，占有的观念化首先来自民法学，并逐步在刑法中得到承认。

刑法上的占有首先注重持有人对财物的现实性支配，但同时也承认某些情况下规范、观念的占有。从刑法占有的演进看，占有状态的认定标准从最初重视占有的事实要素，到对规范要素重视的一面，再到占有事实支配力与占有观念化的双重考量。在占有问题上，无论是民法还是刑法，均不能进行纯事实的、物理性的解读，同时要兼顾社会的、观念上的认知和判断。由此，"刑法与民法在占有上的差别不是含义上的差别，而是刑法在某种场合下是否承认某些类型的占有"[③]。

在这一背景下，思考封金的占有问题，笔者赞同"区别说"。首先从封金的特性而言，与一般包装物相比，封金采取封口、密闭的形式，从事实及观念上禁止受托者打开。正是这种特殊方式的封缄，使得委托人

---

① 转引自马寅翔：《民法中辅助占有状态的刑法解读》，《政治与法律》2014 年第 5 期，第 41 页。

② 王泽鉴：《民法物权·占有》，三民书局，1999 年，第 24 页。

③ 童伟华：《所有权与占有的刑、民关系》，《河南省政法干部管理学院学报》2009 年第 4 期，第 87 页。

对现金的占有在时间和空间上得以延续。其次，从社会一般观念判断，易被认为金钱为委托者所有。最后，日本裁判所判例采"区别说"。

（二）被限定了用途的金钱

封金与被限定了用途的现金均以委托信任关系为前提，但在封金的场合，现金本身予以特定化，其价值并未进入流通领域，而在限定了特定用途的现金的场合，现金的特定性仅限于其特定用途，由于其本身并未特定，现金有可能进入流通领域。例如，委托购买特定物品而保管的现金、基于债权人的委托受托人从债务人处催收的现金等。民法通说认为，货币作为高度流通性的种类物与消费物，适用"占有即所有"规则，但也承认例外情形中，金钱的事实性支配与所有权分离。然而，即便从刑法从属性的立场，被限定了特定用途的现金是否属于民法中货币"占有即所有"规则的适用例外，似乎并不能一概而论。

末川博教授认为，被限定了特定用途的金钱分为两种情形——"作为其价值而被置于流通领域产生为本人利益保管一定数量金钱关系的情形，以及作为其价值并未被置于流通领域而仅仅产生保管金钱这种关系的情形。"① 在后种情形中，金钱的所有权不属于保管人。在这一问题上，末川博教授首先承认金钱"占有＝所有权"规则，接着以金钱价值是否被置于流通的场合做出区分，在金钱的价值被流通的场合，适用"占有＝所有权"规则，保管人取得金钱的所有权；金钱的价值不被流通的场合，"占有＝所有权"规则不再适用，委托人仍享有金钱的所有权。在这里，民法理论货币"占有即所有"规则被刑法充分考量，并深刻影响到了刑法对相关问题的判断。好美清光先生也指出，"'占有＝所有权'理论可以适用的情形应仅限于金钱的价值而被流通的场合"② 。而川

---

① ［日］末川博：《货币及其所有权》，《物权·亲属·继承（末川博法律论文集4）》，第269—270页。转引自［日］佐伯仁志、道垣内弘人：《刑法与民法的对话》，于改之、张小宁译，北京大学出版社，2012年，第4页。

② 参见［日］川岛武宜编：《注释民法（7）》，有斐阁，1968年，第100—101页。

岛武宜先生认为，"财产管理人为本人利益而受托金钱时，所有权通常也为管理人所有，只有存在例外情形时不如此判定"①。由此，末川博教授、好美清光教授、川岛教授均否认绝对的货币"占有＝所有权"的观点，主张金钱的事实支配与所有权分离的例外场合，即有条件的承认货币"占有＝所有权"规则，同时，刑法学者对民法的理解以川岛说为通说。从相关判例看，日本最高裁判所认为，"金钱的所有权者，只要不存在特别的事情，应该认为与占有者一致"②。由此可知，日本判例也同样遵从日本学说有条件承认货币"占有＝所有权"的立场。即，金钱的场合，应以承认例外为根据。因此，对于被限定了特定用途的现金是否为"他人之财物"的判断，应根据受托金钱是否置于流通领域区分判断。

作为例外，对于金钱所有与占有不一致的情形，被限定了特定用途的金钱可以根据金钱是否置于流通领域来决定所有权的所在，但如果仅仅根据这一点判断则会存在一定问题。例如，当甲委托乙将10万元现金交予丙时，如果根据委托合同内容，甲允许乙可以暂时使用10万元现金或将此现金与乙自己的金钱混同时，那么此时金钱的所有权是否转移至乙？进一步说，乙被科以什么样态的保管义务？而之前的委托合同在整个框架内又处于一种怎样的地位？

笔者认为，意思自治原则作为民法的基本原则，它要求在具体的民事活动中，民事主体享有自由选择合作伙伴、合作形式、合作内容等的权利，并以法律的形式得以确立。该原则在契约领域表现为契约自由，即尊重合同当事人在契约内容、契约形式、契约对象等方面之充分选择自由。因此，如果合同的宗旨允许受托者暂时挪用被委托的现金或与自己的现金相混同，这里就否定了委托者的所有权保留意识。在封金的场

---

① 转引自 [日] 佐伯仁志、道垣内弘人：《刑法与民法的对话》，于改之、张小宁译，北京大学出版社，2012年，第5页。

② 转引自张红昌：《受托金钱的刑法评价——以金钱的占有与所有权为中心》，《政法论丛（上海政法学院学报）》2012年第3期，第18页。

合，封金被封口、密闭的特定性体现了委托者的所有权保留意识，委托者的主观愿望不允许受托者随意支配该现金。在限定了特定用途的现金中，现金使用目的的特定性并不必然否定合同的宗旨。因此，如果根据委托合同的宗旨，允许履行期届满前受托者可以自由使用金钱时，金钱的所有权已经转移至受托者，不可能存在成立侵占罪的余地。问题在于，如果乙从甲处受领了应转交给丙的 10 万元现金，并且乙被允许暂时挪用，但乙挪用后因经济困难不具备将该笔金钱转交于丙的能力，此时是否构成侵占罪？日本学者道垣内弘人认为，这是一个甲"是否接受风险的问题"[①]，允许暂时使用或混同的合同宗旨表明委托者具有接受受托者存在没有资力的风险的意思，所以根据合同宗旨的解释，即使最终委托目的没有达成，受托者也不应成立侵占罪，而仅为债务的不履行。

与此相关的另一问题是：如果最初的委托合同并没有关于是否可以使用或混同的类似内容或者不允许受托者使用或混同现金，民法上金钱的所有权应属于委托者，刑法学者也认同民法的判断。如果此时受托者暂时将该金钱挪用了，是否构成侵占罪？对此，日本刑法围绕受托者是否具有日后"填补空缺的意思与能力"展开讨论。日本判例认为，即使受托者具有填补空缺的意思与资力也成立侵占罪，但学说中也有见解认为，"对于确有填补空缺的意思与资力的场合，由于欠缺可罚的违法性或者不法受领的意思"[②]，否定成立侵占罪。在这里，如果受托者具有填补空缺的意思与资力，例如拥有等额的金钱存款而暂时挪用所保管的金钱，此时受托者因缺乏非法受领的意思，不成立侵占罪。

在我国，对于侵占被限定用途的金钱的讨论并未结合相关民法理论展开，而是着眼于对"非法占为己有""拒不退还、拒不交出"构成要

[①] ［日］佐伯仁志、道垣内弘人：《刑法与民法的对话》，于改之、张小宁译，北京大学出版社，2012 年，第 12 页。

[②] ［日］大判明治 42.6.10 刑录 15 辑，第 759 页。转引自［日］佐伯仁志、道垣内弘人：《刑法与民法的对话》，于改之、张小宁译，北京大学出版社，2012 年，第 8 页。

素的认定。通说认为，两者是并列关系、需各自独立判断。周光权教授提出异议，其指出有前者（非法占为己有）就一定有后者（拒不退还、拒不交出），后者处于从属地位。① 在这里，周光权教授认为"拒不退还、拒不交出"本身并非犯罪构成要件，而只是对非法占为己有状态的证明与强调。因此，在证明责任的承担中，只需证明受托者将他人寄托现金非法据为己有的状态即可，对于后者是否证明及证明程度均不影响受托人侵占的行为定性。对此，张明楷教授也认为，"'拒不退还'依然只是对'非法据为己有'的强调，而不是与'非法占为己有'相并列的独立要素"②。周光权教授和张明楷教授均强调"非法占为己有"与"拒不退还"的相互证明关系。因此，只要受托人对寄托金钱以据为己有的心态使用之均成立侵占罪，无论这种据为己有的心态发生在一开始使用时还是暂时挪用之后，但日后若以等额金钱退还，不认为成立侵占罪。

笔者认为，最初的委托合同是作为判断金钱的所有权转移问题的核心要素，在刑法构架中被置于构成要件的该当性中，而填补空缺的意思或不法受领的意思则在违法性判断这一主观层面中作出处理。在存在合同的宗旨并不明确的情形时，刑法中受托金钱是否属于"他人之财物"的认定变得困难，此时，刑法学其实首先是利用民法对合同的解释以明确合同的宗旨进而明确寄托金钱的所有权问题，之后再讨论侵占罪的构成。由此看来，关于受托的金钱这一问题，刑法与民法似乎并不存在太大的差异，某些学者对刑法解释独立性的强调并没有必要。

三、存款的占有与侵占罪的成立与否

（一）以存入银行自己名义账户的方式保管被委托的现金

受托人以自己名义的方式将被保管的现金存入银行，而后随意使用的行为是否构成侵占罪？对此笔者借日本著名的"村长案"展开讨论。

---

① 周光权：《刑法各论》，中国人民大学出版社，2021年，第157页。

② 张明楷：《刑法学》，法律出版社，2011年，第903页。

案例 7

一位村长将村集体委托其保管的现金以自己名义账户的方式存入银行，后将该笔存款取出自己利用。最高法院判决认为，该款项相当于自己占有的他人之物，如果以非法取得的意思而提取该款项，就构成侵占罪。[①] 在该判例中，法院对村长基于存款对金钱的占有持肯定态度，这也是日本学界多数的观点。

此案件涉及二重法律关系：一是委托保管关系；二是存款合同关系。在上节讨论中，当委托保管的金钱是现金时，现金的所有权属于寄托者，现金为受托者占有，受托者擅自使用限定了特定用途的现金构成侵占罪。但是，当从单纯的委托保管关系加入了存款合同关系后，使我们迷惑的地方在于：如果基于最初的委托保管关系，现金的所有权属于村集体，那么，当村长把现金存入银行后，存款的所有权属于谁？存款的占有属于谁？由此，核心问题是：存款人是谁？对于存款占有归属认定问题，实际上又回到了民法学中来。

关于存款的占有归属问题，日本学者存在肯定说与否定说的对立观点。

肯定说（即存款人占有说）主张：基于存款关系，应肯定存款名义人对金钱的占有，从而成立委托物侵占罪。肯定说主张存款名义人对存款的占有，主要基于以下理由：（1）侵占罪中的"占有"意味着凭借占有而拥有的处分可能性，占有不仅包括对物事实上的支配，还包括法律上的支配。存款名义人对存款债权的享有合法，具有法律上的支配力，应肯定其对存款的占有。（2）基于委托信任关系，该款项相当于存款人自己占有的他人之物。因此，在该场合下，存款人以合法的委托保管关系为基础将该款项存入自己银行账户，存款名义人实际上在法律上支配

---

① ［日］大判大正 1912 年 10 月 8 日刑录 18 辑，第 1231 页。参见［日］松宫孝明：《刑法各论讲义》，成文堂，2008 年，第 263 页。转引自：李强：《日本刑法中的"存款的占有"：现状、借鉴与启示》，清华法学 2010 年第 4 期，第 155 页。

了存款，对于自己账号中的存款拥有实际性权利，存款当然属于存款人占有。肯定说为日本判例与学说的主流观点。

日本刑法中，侵占罪的对象仅限于财物，不包括财产性利益。因此在村长案中，判决指出，在出于非法取得的意思而"提取该款项"时，构成侵占罪。那么，如果存款人不是采取直接取现，而是采取转账的方式，在这里因没有作为有体物的现金出现，存款人并未实际占有存款现金，不符合日本侵占罪中犯罪对象的他人之"财物"，仅能成立法定刑更低的背信罪，有失刑罚的均衡。但问题是，对于被委托的金钱，无论采取取现消费的方式还是直接从账户上转账处分，存款名义人对委托人利益侵害这一点上是相同的。因此，基于对存款的占有是日本肯定说的主张。例如山口厚教授认为，在行为人没有取现，只是转账、划拨的场合下如果只能成立背任罪，"这有失均衡。因为，侵占罪的主体范围较广，并且有业务侵占罪这一加重类型存在，但背任罪不仅主体范围较小，且没有相应的加重类型。因此肯定说是妥当的。"[①] 由此可知，肯定说的观点暗含了两个理论支撑：（1）扩张了占有概念，占有不仅限于事实上的支配还包括法律上的占有，这里的法律上的占有特指正当的取款权限。（2）修正了"财物"概念。日本刑法中，侵占罪的犯罪对象仅限于财物，不包括财产性利益。在这里，债权这种财产性利益被谨慎的扩充进了财物概念中，以维持刑罚的均衡。

否定说（即银行占有说）则主张：肯定说基于存款的占有不仅扩张解释了占有概念，也扩张了财物的概念，因此存在疑问。[②] 依据《日本民法典》第666条规定，存款合同的性质为消费寄托合同。因此，否定说遵循民法金钱"占有即所有"规则，认为存款所指向的金钱由银行所有并占有，委托者失去对金钱的所有权。同时，存款人以自己名义向账

---

① ［日］山口厚：《刑法各论》，有斐阁，2005年补订，第289页。
② 转引自：［日］西田典之《日本刑法各论（第三版）》，刘明祥、王昭武译，中国人民大学出版社，2007年，第177—178页。

92

户存款，存在正当的取款权限，存款债权正当合法。因此，存款人任意处分存款的行为仅是对委托信任关系的侵犯，并未侵犯银行的所有权，应成立背任罪。由此可知，在存款的占有问题上，肯定说与否定说争论的核心在于存款人是否拥有正当的取款权限。

对于这一问题我国学者的观点概括起来主要有以下几种：陈红兵博士认为，"存款人不仅在事实上和法律上占有着存款债权，而且事实上及法律上与银行共同占有着存款现金"[①]。周光权教授"肯定存款名义人对于存款债权的法律占有以及金融机构对于现金的事实上占有"[②]。张明楷教授采此观点，黑静洁博士以此为前提分析存款的占有归属。[③]黎宏教授对此持相反观点，他认为，"存款人同时取得对存款债权和存款现金的占有"[④]。

笔者赞成张明楷教授的观点，即存款包括存款债权和存款债权所指向的现金两种含义。[⑤]相应的，存款的占有问题分为对存款债权的占有和存款现金的占有。因存款合同属于消费借贷合同，作为种类物，存款现金适用货币"占有即所有"规则，银行占有并所有现金。对于存款债权归属问题，笔者认为，受托者即存款人作为银行账户名义人，拥有正当的取款权限，其不仅事实上而且法律上占有存款债权，这是不争的事实。

同时，从民法理论出发，准占有又称权利占有，指对所有权以外的权利的占有，民法理论一般认为债权可以成立准占有。[⑥]因此，存款债

---

① 陈红兵：《中国语境下存款占有及错误汇款的刑法分析》，《当代法学》2013 年 5 期，第 71 页。

② 周光权：《刑法各论》，中国人民大学出版社，2021 年，第 876 页。

③ 黑静洁：《存款的占有新论》，《中国刑事法杂志》2012 年第 1 期，第 54 页。

④ 黎宏：《论财产犯中的占有》，《中国法学》2009 年第 1 期，第 123 页。

⑤ 张明楷：《刑法学》，法律出版社，2011 年，第 876 页。

⑥ 王泽鉴：《民法物权 2：用益物权·占有》，中国政法大学出版社，2002 年，第 388—389 页。

权占有的内容为债权人对存款现金的支付请求权。由此，存款债权的占有归属问题，就转化为谁具有排他性的向银行提出支付现金的请求权的问题。无疑，存款名义人拥有排他性的现金支付请求权，因此存款债权由存款人占有。至于存款在进入银行之前的所有权及占有问题则是另一个法律关系。由此，在基于委托保管合同和存款合同的双重法律关系中，一方面，基于存款合同，存款现金的占有与所有属于银行，存款债权的占有为存款名义人，存款名义人拥有正当的取款权限。另一方面，在委托保管法律关系中，委托人享有存款债权，受托人即存款人对存款债权占有。受托人基于利用处分的意思无论取出存款还是直接转账，均侵害了委托人的存款债权。由此，法律予以否定评价的并不是存款人正当的取款权限，而是其超出占有、作为所有者对存款擅自利用处分的行为。因此，在这里，正当的取款权限与变占有为所有的权限应作出明确区分。

如果从民法出发，将存款债权这种财产性利益作为准占有的标的，那么刑法中存在的解释论难题在于，刑法中关于侵占罪的对象是否包括财产性利益？关于财物是否包括财产性利益，学说观点不一。在侵犯财产类犯罪分为财物罪和利益罪的国家，例如日本，占有的对象只能是财物不包括财产性利益。[1] 刘明祥教授持此观点，认为财产性利益"与作为有体物的事实上的掌握控制有实质的差别"[2]。由此，肯定说为主张存款人侵占罪的成立，不得不扩张财物概念，这也是否定说对肯定说的批评之一。但我国刑法没有财产性利益这一概念，亦未单独规定财产性利益的犯罪，所以在解释论上存在将财产性利益归入财物概念的可能。同时从相关规定及司法解释看，《中华人民共和国刑法》第二百二十四条、第二百六十五条、第二百七十六条也都明确将财产性利益作为犯罪对

---

① 李强：《日本刑法中的"存款占有"现状、借鉴与启示》，《清华法学》2010年第4期，第162页。

② 刘明祥：《论窃取财产性利益》，《政治与法律》2019年第8期，第65页。

象。①依据最高人民法院《关于审理非法生产、买卖武装部队车辆号牌等刑事案件具体应用法律若干问题的解释》第三条第二款规定，对于使用伪造、变造、盗窃的武装部队车辆号牌，骗免养路费、通行费等各种规费，数额较大的，依照诈骗罪定罪处罚。依据最高人民法院《关于审理扰乱电信市场管理秩序案件具体应用法律若干问题的解释》规定："行为人将电信卡非法充值后使用、盗用他人网络账号或密码上网，产生大量电信资费的，依照盗窃罪定罪处罚。"财产性利益在我国刑法规定或司法解释中已得到认可。随着数字经济时代，经济活动中的交易媒介完成了由现金等实体性财物到以数据化形式呈现的虚拟性财产性利益的变迁。正如学者指出："财产性利益转移的本质是法律关系的消灭与生成，权利人可以借助相应法定凭证作为媒介来控制支配财产性利益，进而完成财产性利益的占有转移。"②因此，将财产性利益纳入侵占罪的对象不存在解释论的障碍。

综上，对于以存入银行自己名义账户的方式保管被委托的现金的问题，受托人擅自取出或转账应成立侵占罪。

（二）行为人拥有处分他人名义存款的权限和地位

本节讨论的重点是：当受托人合法持有存款人的存折、银行卡，并被赋予处分权限时，受托人取出他人存款的行为是否成立侵占罪？对于日本判例和学说持肯定说。

此种场合与以存入银行自己名义账户的方式保管被委托的现金的场合相比，两者均存在委托信任关系。同时在具体的法律关系中，在以存入银行自己名义账户的方式保管被委托的现金的场合，首先委托人委托现金在先，受托人存款在后，即先成立委托关系，再成立存款合同关系。而后种场合下，委托人存款在先，受托人受委托取款在后。因此，对于

---

① 张明楷:《财产性利益是诈骗罪的对象》,《法律科学》2005 年第 3 期，第 79 页。
② 郑洋:《数据化财产性利益的刑法占有形式及属性界定》,《北方法学》2022 年第 9 期，第 123 页。

存款的占有，前者基于受托者作为存款名义人的身份，后者基于存款人的委托授权，两者均具有正当的取款权限。在实际案件的处理路径上，两者应当不具有实质区别。即，均应肯定受托人对存款的占有，并基于对存款的占有成立侵占罪。例如，如果存款人将存有 5 万元现金的银行卡交予受托人，并告知其密码。存款人委托行为人取款 1 万元，行为人取出 1 万元现金未归还的行为成立侵占罪；超出 1 万元另取出 2 万元未归还的行为成立盗窃罪。

四、错误汇款的现金提取行为与犯罪的成立与否

所谓错误汇款是指，在汇款过程中由于汇款人错误汇款或者汇款银行错误记账导致受领人错误，收款人取出错汇的金钱的情形。在错误汇款中，取款人是否成立对银行的债权？以此为前提，收款人取款的行为构成何罪？对此，笔者借助何某案展开分析。

案例 8

2001 年 3 月 2 日，何某在 ATM 机上查询账务，发现自己的银行卡多出数百万元巨款。何某先后分别从 9 个 ATM 机上取款 221 次共计 42.97 万元。曲靖市中级人民法院认定何某构成盗窃罪，且特别巨大，判处其无期徒刑，剥夺政治权利终身，并处没收个人全部财产。2009 年，云南省高级人民法院再审后，撤销原审判决，以盗窃罪判处何某有期徒刑八年六个月，并处罚金三万元。[①]

（一）德国、日本判例及通说

对于错误汇款，2000 年之前德国判例及理论通说认为，在银行错误记账的场合，收款人成立诈骗罪；在汇款人错误汇款的场合，收款人不成立犯罪。2000 年之后的判例及理论通说认为，在错误汇款的场合，汇款人与银行、银行与收款人作为两个独立的法律关系，不管作为汇款原因的法律关系是否存在瑕疵，均不影响存款合同的成立，因此错误汇款

---

① 参见〔2009〕云高刑再终字第 8 号刑事判决书。

的场合，收款人无罪。德国民事判例及通说也认为，基于收款人与银行之间的合同关系，收款人对自己账户内的汇款存在债权，汇款人仅存在不当得利返还请求权。①

在日本，早期刑事判例否定收款人对银行的存款债权，进而，收款人取走汇款成立夺取罪（即成立诈骗罪、盗窃罪与使用电子计算机诈骗罪）。值得说明的是，1996 年最高裁判所平成八年 4 月 26 日民法判例肯定了收款人对于错误汇款的债权和收款人的正当取款权限。以该民事判例为分水岭，侵占罪说及无罪说由此获得重要的理论支撑，逐步变得强有力；而夺取罪说为了证成的正当性转而采取另外的论证思路，如大阪地裁堺支部平成九年 10 月 27 日判决以及上诉审大阪高裁平成十年 3 月18 日判决。简言之，日本存在夺取罪说与侵占罪说的对立。

在 1996 年民事判例中，因收款人的债权人申请，法院冻结了收款人的账户，汇款人针对错误汇款向法院提起了第三人异议之诉，最高裁判所认为，"当受托人将钱存入收款人在银行的普通账户时，在汇款受托人以及收款人之间，不管作为汇款原因的法律关系存在与否，收款人与银行之间的普通存款合同成立，收款人以此对银行取得相当于上述金额的普通存款债权，汇款受托人只能向领受人提起同额的不当得利返还请求权，从而驳回了第三人的异议之诉"②。由此，该民事判决肯定了收款人对银行享有存款债权，进而确认收款人享有正当的取款权限。

侵占罪说以日本 1996 年最高裁民事判决为前提，认为既然收款人对于错误汇款享有合法债权并由此获得了正当的取款权限。那么，收款人对与汇款同等金额的债权合法占有，这种占有类似于被错误寄到自己家里的物品一样，随意处分只构成脱离占有物侵占罪。因此，收款人在拥

①　转引自陈红兵：《中国语境下存款占有及错误汇款的刑法分析》，《当代法学》2013 年第 5 期，第 72 页。

②　[日]佐伯仁志、道垣内弘人：《刑法与民法的对话》，于改之、张小宁译，北京大学出版社，2012 年，第 38 页。

有正当取款权限下的取款行为并未侵犯银行的现金，仅侵犯了汇款人的现金，收款人的行为构成脱离占有物侵占罪。由此可知，脱离占有物侵占罪以存款属于汇款人为前提。

无罪说是德国判例与通说的观点，在错误汇款的场合，德国民法与日本民法判例及通说的观点实质上具有一致性，即均强调收款人与银行之间存款合同关系的相对独立性与无因性。即不管法律关系存在与否或者是否有瑕疵，均不影响收款人与银行之间存款合同的效力，收款人对银行仍享有独立的债权请求权。由此，收款人对汇款人仅存在民法上的不当得利之债，不构成刑事犯罪。

夺取罪说是日本多数说。正如上文所言，在1996年最高裁判所民事判例确定了收款人享有合法债权进而获得正当的取款权限的地位后，肯定成立夺取罪的刑事判例在论证逻辑上不得不做出调整。在1996年最高裁判所民事判决之前，日本刑事判决一般以否定收款人对错误汇款具有正当取款权限为由，否认对存款的占有，进而认定为夺取罪。1996年最高裁判决之后，刑事判决试图调和民事判决肯定"收款人拥有正当的取款权限"的冲突，转而从"诚实信用原则""值得保护的银行利益"的角度加以论证。如2003年3月12日最高裁判所刑事判例，甲为真正收款人，但由于其妻子的书写错误，乙公司将钱汇入被告丙的普通存款账户中，金额为750031日元，丙明知为错误，但由于无法还债，将钱取走。最高裁刑事判决一方面肯定收款人取得了与银行存款等额的普通存款债权，另一方面又认为，"收款人在认识到错误汇款时，从银行交易的诚实信用原则上看取走汇款金额相当之金钱的行为是不应被容许的。"① 大阪高裁的判决理由也提到，在错误汇款的场合，一旦错误汇款被发现，答应返还时，作为银行"无论是否追究其法律上的责任，事实上都极有可能卷入汇款受托人与收款人之间的纷争……隐瞒错误事实而

---

① ［日］佐伯仁志、道垣内弘人：《刑法与民法的对话》，于改之、张小宁译，北京大学出版社，2012年，第42页。

取回金钱的行为是诈骗罪中的'欺罔行为'"。由此，在这里，刑法判例即便肯定收款人与银行之间基于存款合同产生的债权债务关系，但因实际强调"银行在面对错误汇款时，实际执行的应对措施及其意义"[1]，也否定了收款人具有正当的取款权限。

德国刑法判例之所以得出无罪的结论，主要原因在于，在刑法与民法的关系上，德国坚持违法判断的一元论与刑法从属性，德国刑法学界坚持法秩序的同一性，从民法出发解释刑事违法性的判断。与此相对，在日本，刑法上的概念只需要从刑法独立性角度来确定的见解是一种有力的通说。在错误汇款的场合，即使民事判例肯定收款人的存款债权，刑事判例强调"银行在面对错误汇款时，实际执行的应对措施及其意义"似乎也并不奇怪。但问题是，即使从刑法独立的立场出发，刑事违法性的判断，是否能够无视民法的权利以及该权利所依据的事实？

（二）我国学者观点

在我国，因汇款人的错误汇款或银行的错误记账导致存款名义人账户中多出存款的现象也比较常见。简言之，从分析路径看，对于多出的存款，如果认为存款名义人占有并所有，则单纯属于民法上的不当得利；如果存款名义人占有并不所有存款，则成立侵占罪；如果存款名义人既不所有也不占有存款，则成立诈骗罪、盗窃罪等夺取罪。

张明楷教授持夺取罪说，并指出存款名义人从银行柜台窗口取现，成立诈骗罪或者信用卡诈骗罪；在 ATM 机上取现，构成盗窃罪。[2] 杜文俊博士主张侵占罪说[3]，对于银行的错误记账，杨兴培教授[4] 与周光权教

---

[1]　[日]山口厚：《从新判例看刑法》，付立庆、刘隽、陈少青译，中国人民大学出版社，2019 年，第 228 页。

[2]　张明楷：《许霆案的刑法分析》，《中外法学》2009 年第 1 期，第 43 页。

[3]　杜文俊：《政治与法律》，《政治与法律》2014 年第 6 期，第 52 页。

[4]　杨兴培：《"许霆案"的技术分析及其法理思考》，《法学》2008 年第 3 期，第 58 页。

授①认为属于不当得利,不构成犯罪。而在何某案专家论证书②中,对于何某所实施行为的法律性质,周道鸾教授基本赞同原审法院的判决,肯定何某盗窃罪的成立。其论证的逻辑为,首先主观上,何某虽然经过查询发现其储蓄卡中有巨额存款,但根据个人经济水平及家庭状况,他明显能够认识到该巨款不属于本人所有,因此,何某有非法占有他人财物的主观故意和目的。客观上,从何某挂失并抛弃储蓄卡这一情形看,这是一种将公开的记录转变为秘密的窃取过程的行为,因此,何某实施了秘密窃取他人财物的行为。高铭暄教授和赵秉志教授以肯定何某对其储蓄卡内的存款具有事实上的占有为前提,具有民事上的不当得利性质。高铭暄教授认为何某的行为构成侵占罪。赵秉志教授虽然肯定不当得利的分析,但对于何某案是否构成犯罪则较为犹豫。

我国刑法学界一般从刑法的占有为分析路径展开对错误汇款的分析,这种分析忽略了民法作为前置性规范在判断刑事违法性的重要作用,同时这种分析路径隔离了刑法与民法的关联性,也使得司法在解释论上面临较为尴尬的局面。例如在此案中,2010 年何某以农业银行云南陆良支行为被告,向云南省陆良县人民法院提起民事诉讼,陆良县人民法院裁定不予受理。暂且抛开刑事上何某行为的定性,从整个案件看,民法作为刑法的前置性规范,民事基础法律关系无论在民事部分还是在刑事部分均没有得到认定,这种语焉不详的论证似乎无法满足判决书说理的正当性。

(三)何某案再解读

笔者认为,问题的核心在于,对于错误转账银行与存款名义人之间是否形成合法的存款债权?民法通说认为,货币具有高度流通性与可替代性,因此除了货币特定化的场合外,货币流转遵从无因性,占有与所有一致,即占有金钱的同时也获得了所有权。从汇款的民法构造看,汇

---

① 周光权:《侵占罪疑难问题研究》,《法学研究》2002 年第 3 期,第 21 页。

② http://www.bjlawyer.net.cn/ShowArticle.shtml?ID=20093171514565833.htm

款合同视为委托合同，当甲委托乙银行从甲账户中转出 1 万元至丙账户时，乙银行即在丙账户内记载 1 万元的金额，同时乙银行对甲享有 1 万元的汇款费用偿还请求权以及一定的报酬请求权。此时，汇款只要在银行账户内流转，根据货币"占有即所有"规则，现金的占有与所有权均属于银行，存款名义人仅享有存款等额的债权。由此可知，汇款行为产生两重法律关系：汇款人与银行之间的委托合同关系以及收款人与银行之间的存款合同关系。同时因货币流转的无因性，不管作为汇款原因的法律关系是否存在瑕疵，均不影响存款合同的成立。

存款本质是商业银行的负债①，因此，在错误汇款的场合，首先有必要区分银行对存款现金的占有即所有、收款人对等额存款债权的占有以及汇款人的不当得利返还请求权。

错误汇款的场合，根据存款合同的宗旨，只要存款实际进入存款名义人的账户内，存款名义人就拥有对存款债权的排他性支取请求权。首先，从日常交易规则看，只要存款名义人向银行提供有效的债权凭证并知晓密码，银行不得拒付。银行仅仅存在对债权人身份的形式审查，而不具有实质审查的权限与可能。其次，从存款合同性质看，大陆法系国家认为存款合同属于消费寄托合同，存款人有义务将存款现金的所有权转移至银行，并实际取得存款债权；银行有义务根据存款合同按期或随时返还等额资金、支付利息。最后，吸收存款、发放贷款，作为资金融通的中介是银行最重要的功能，如果存款现金的所有权不归属于银行，在存款名义人没有授权的情况下，银行将不属于自己的资金借贷给借款人的行为将导致违法，这一结论也与银行信贷资金的现实矛盾。由此，存款债权与存款现金首先做出区分，以明确侵占罪的对象为存款债权。

对于错误转账的场合，在德日民法中，一般根据债权系相对权，从而肯定存款合同的效力。笔者认为，德日民法对于存款合同效力的肯定

---

① 艾洪德、范立夫：《货币银行学》，东北财经大学出版社，2017 年，第 55 页。

是出于对"权利外观"的保护，即民法上的外观法理。债权并非客观存在的物质形态，而是作为一种抽象、观念的存在，从权利识别的角度看，债权必须借助权利表征来实现。民法学一般认为，占有符合权利外观、具有权利推定的效力，除非有相反证据予以推翻。在这里，存款名义人是否真正为存款债权人适用的是法律推定。在真实的权利状态与表征的权利外观不符合的情况下，法律的取向是"外观优越于真实"，除非有相反证据予以推翻，此即民法上的外观法理。权利外观引起权利表见责任，即"对权利表象的责任"①。外观法理作为权利表征方式内在逻辑的展开，其核心思想在于：为了维护交易安全与迅捷，对于表示于外部的事实，即使与真实的情况不符，对于信赖该外部事实而有所作为的人，仍给予保护。②

在这里，一方面，权利表见责任顾及原权利人丧失权利的正当性问题，同时对直接造成债权外观负有原因力的人承担相应的责任。另一方面，基于对权利占有人债权外观的信赖，在债务人清偿的情况，宜认定债务人与债权占有人的清偿效力。由此，权利表见责任产生的直接后果是：外观信赖人免责、原权利人债权消灭、债务人向债权占有人清偿。"以此权利表见责任依据有责原则与风险原则划分外观法理关系中各方当事人的利益及风险划分，以此平衡真权利人享有的静态安全与交易者交易的动态安全的冲突。"③因此，在错误汇款时，汇款人的错误转账或银行的错误记录，均不影响转账自身的效力，存款债权合法有效，银行不具有制止存款债权让渡的权利。

在何某案中，无论错误汇款的原因是汇款人的错误汇款还是银行的

① [德]卡尔·拉伦茨：《德国民法通论》（下册），王晓华等译，法律出版社，2003年，第886页。

② 王焜：《债权外观法理研究——以债务人对债权准占有人清偿为中心》，《昆明理工大学学报》2008年第8卷第5期，第44页。

③ 王焜：《债权外观法理研究——以债务人对债权准占有人清偿为中心》，《昆明理工大学学报》2008年第8卷第5期，第48页。

错误记账，汇款人或银行均因自己的错误引发了权利外观的表现，截至何某取款之前，银行也并没有消除这一外观权利表象。在汇款人错误转账的场合，汇款人为外观责任人，银行为外观信赖人；在银行错误记账的场合，银行既为外观责任人也为外观信赖人。何某与银行之间基于合法的存款合同存款债权有效。外观责任人基于制造权利外观的原因力必须容忍这一状态，在提供了相反证据的前提下只能要求何某返还等额的不当得利之债。

对于储户账户内的存款，如果仅仅认为"有值得保护的银行利益"担心银行因错误汇款卷入纠纷，而强加于储户对于自己账户内的资金来源实质审查的义务，则有违实质公平。在储户的账户出现错误汇款而又不知情的情况下，如果储户在处分或兑换存款之际对于自己的每笔进账来源及法律上的根据均需要自己审查，那么除了损害交易上的便捷与效率外，势必使储户产生"我卡上的钱是我的吗"这种人人惶恐自危的局面。从公平责任及风险分担看，也是不妥当的。因此，只要银行存款实际进入了存款名义人的账户内，存款名义人就占有存款债权。

以此分析何某取款的法律性质，基于何某与银行之间的存款合同关系，何某现实占有着其储蓄卡内的存款债权，并具备取款的正当权限。同时，何某案的讯问笔录及律师会见笔录中均表明，其"在查询余额时，发现卡里有很多零，就想试试能不能取出钱来"[①]。何某账户内余额有"很多零"的事实，说明存款实际进入了何某的账户内，至于这种进账是否有法律上根据，暂且不论。

由此，何某案区别于许某案。许某取款时其账户内只有170多元，许某多取款的原因是ATM机的故障行为，存款并没有现实进入许某的账户中。何某案中，存款已现实进入了何某的账户，何某合法占有存款债权，其取款行为并未侵害银行对存款现金的所有及占有。如果其储蓄

---

① 何某案专家论证书，http：//blog.sina.com.cn/s/blog_462a58d30100c98g.html，访问时间2021年2月26日。

卡内真实存在巨额存款，那么何某与农业银行之间普通存款合同成立，何某由此取得相当于存款金额的普通存款债权。不管该巨款的来源是其亲属汇入、他人错误汇款、银行错误记账，即不管作为汇款原因的法律关系是否存在或瑕疵，因合法取得普通存款债权的现实支配可能性，何某合法占有巨款。合法占有但不所有，对于取得没有合法依据的，成立不当得利之债，银行可以向何某提起同等金额的不当得利返还请求权。同时，因何某"携款潜逃"，占有错误汇款拒不返还，何某应构成侵占罪，该种理解也符合刑法的谦抑性精神。而在许某案中，因 ATM 机的故障，存款并未现实存在于许某账户内，许某并不拥有对所取存款的债权，因此，其利用 ATM 故障的取款行为侵犯了银行对存款现金的所有权及占有，构成盗窃罪。

值得一提的是，2010 年何某以银行为被告，向云南省陆良县人民法院提起民事诉讼，陆良县人民法院裁定不予受理。纵观本案的全局，无论在刑事部分还是民事部分，何某与银行之间的基础性民事法律关系作为最根本的问题却有意被回避了。如果我们不能对存款名义人与银行之间存款合同的性质以及作为汇款原因的法律关系的性质予以厘清，刑事上认定何某犯盗窃罪似乎并不是那么有说服力。当行为人的行为既属于民事法的调整范围又可能触犯刑法时，在厘清民事法律关系基础上，对行为的定性应分别考量刑事与民事法律规范，进而廓清两者的关系，并以此为基础进行刑事违法性判断。

在何某案中，刑事案件盗窃罪的认定回避了对存款合同性质的释名；民事案件中，陆良县人民法院又以云南省高级人民法院〔2009〕云高刑再终字第 8 号刑事判决书，已判决何某犯盗窃罪，起诉人的主张不属于人民法院受理民事诉讼的范围为由，裁定不予受理。在这里，民事规范与刑事规范的关系、银行与储户的法律关系，无论在刑事案件还是民事案件中均没有给予充分讨论的空间，这种案件处理方式是不可取的。

第二节　不法原因给付的刑民实像

一、不法原因给付与所有权转移

（一）不法原因给付制度概述

不法原因给付是指基于违反强行法规或公序良俗的原因而为的给付。[1] 不法原因给付制度发端于罗马法，在罗马法中存在"不法的返还诉"与"不道德的返还诉"两种给付情形，分别相当于今天所谓的违反强行法规之给付与违反公序良俗之给付。"如果该债因的可耻性不仅与接受给付方有关，而且同给付方也有关，则不能提起这种要求给付之诉。在这种情况下，被给付标的占有者获胜。"[2] 由此，该制度所要解决的核心问题是，当一个法律行为因"原因不法"无效时，基于不法原因给付的财产如何处理，能否承认给付人的返还请求权？

目前从大陆法系国家民法规定看，不法原因给付者丧失返还请求权，不得获得司法上的救济；同时又存在例外规定。如《日本民法典》第708条规定，因不法原因给付者，不得请求返还。但不法原因仅就受益人存在时，不在此限。我国民事立法未规定不法原因给付制度，《中华人民共和国民法典》第一百五十七条仅确立了合同无效相互返还的基本原则，第二十九章关于不当得利应予返还的立法也未将不法原因给付视为例外。[3]

原因理论起源于大陆法系，在早期极度形式主义的罗马市民法中，契约更强调严格的要式性，当事人之间的合意因素对契约效力的影响甚

---

[1] 谭启平：《不法原因给付及其制度构建》，《现代法学》，2004年第3期，第131页。

[2] [意]博德罗·彭梵德：《罗马法教科书》，黄风译，中国政法大学出版社，2018年，第399页。

[3] 王昭武：《不法原因给付对于认定财产犯罪的意义》，《法学》2022年第12期，第78页。

微。直到 16 世纪欧洲教会法，合同有效成立的基本条件之一是存在合法的、合乎道德的原因。① 原因理论作为约束契约效力的理论，首先反映在《法国民法典》中。《法国民法典》第 1108 条规定，"债的合法原因"是契约有效成立的要件。这是原因理论出台的历史背景。然而《法国民法典》始终未阐明的概念是，何为"原因"，无原因、错误原因、不法原因是如何产生的。由此，围绕着"原因"概念之争，债权制度中的原因理论经历了从客观原因理论到主观原因理论的演变。

在客观原因理论（传统原因理论）中，原因，系指当事人订立合同的目的。在法国民法中，原因有两层含义：一指当事人订立合同的目的，即近因，例如通过买卖合同收取价金。在这里，类型相同的合同，目的也相同，"目的"因此具有特定性、客观性。二指当事人通过订立合同所希望达到的最终目的或订立合同的动机，即远因。在这里，动机意味着某种需要的满足，带有主观性。由此，客观原因理论严格区分合同订立的目的与动机，原因限于合同订立的"目的"，从而将"动机"排除在合同原因之外。

主观原因理论，也称现代原因理论，不言而喻主观原因理论赋予原因以主观性。在这里，原因一方面包括近因——合同目的，另一方面原因还包括远因——决定性动机。

大陆法系关于不法的判断中存在标的不法、标的物不法、原因不法三种情形，三者的侧重点并不相同。法律行为的标的，即法律行为的内容，指当事人订立合同时所意欲发生的法律效果，例如买卖合同中买卖行为本身。标的物指当事人双方权利义务指向的对象，例如买卖的毒品。由此，标的物不法与标的不法是一种客观的不法；而原因不法则侧重主观层面。标的物不法与标的不法存在密切联系，一旦标的物为法律所禁止，往往标的也随之不法，例如在毒品交易中，因毒品这一标的物的不

---

① 李永军:《合同法》，法律出版社，2010 年，第 201 页。

法，毒品买卖行为本身也将不法，从而买卖行为无效。但在具体法律行为中，三者并非一定同时存在，法律行为本身合法但原因不法的情况也可能存在。例如行为人因开设赌场而购买商业用地，此时购买行为本身以及标的均合法，但合同因原因不法而无效。

标的、标的物、动机三者均作为限制合同生效的因素，增加了合同无效的可能性，但在性质上三者存在明显的差异。这一差异导致三者的法律效果的不同。这一区分对于认定合同效力具有重大意义。例如我国台湾地区，标的不法产生不当得利返还请求权，但原因不法的直接效果是不当得利返还请求权的剥夺。同时，不法原因的认定对合同效力的认定产生实质性影响。笔者引用德国著名案例予以说明：

案例9

在德国著名的遗产继承案中，被继承人剥夺了其妻子的继承权，并立其情妇为单独遗产继承人。德国联邦最高法院针对这一遗嘱行为指出，关键的问题在于善良风俗是否违反的具体判定，"如果被继承人立其情妇为继承人旨在酬谢其满足自己的性欲或者在决定或加强这种两性关系的继续，那么这种行为通常被认为是违反善良风俗的；相反，如果被继承人具有其他动机，即如旨在给其情妇提供生活保障，则这种行为通常就是有效的"[1]。

此案例体现了原因理论在合同效力认定中的作用。该案例中，对于遗赠合同是否违反了善良风俗的认定，德国最高法院是通过探求遗嘱行为背后被继承人遗赠的主观目的与动机来实现的，即对原因行为的判断并不是笼统看待整体的遗赠行为，而是对判断对象予以特定、具体化。笔者认为，不法原因给付是指给付目的主观的不法，这一不法区别于法律行为（标的）的客观不法。

给付作为大陆法系债法中的概念，一指给付行为，二指给付效果，

---

[1] 转引自谭启平：《不法原因给付及其制度构建》，《现代法学》2004年6月第26卷第3期，第135页。

本书在这里特指给付行为。关于给付的主流观点，德国联邦最高法院的判例中将给付行为表述为有目的、有意识地增加他人的财产，日本有学者将其界定为根据给付人的真实意思表示所作出的财产终局性转移的行为。我国学术界通常认为，给付行为就是行为人作出的一种有目的、有意识地将财产终局性地转移至给付受领人所有的行为。

即债权人得为请求及债务人所应实施的行为。① 给付一般认为是基于一定目的财产给予行为，然而给付的标准是什么，大陆法系立法并未予以明确，在此有必要对给付的意义做出说明。王泽鉴先生在考察了德日判例、学说的基础上，认为不法原因之给付应指"最终局性的财货移转"，如所有权转移，对于尚没有终局性的财货转移，例如支票的支付等行为不应纳入其中。② 为赌债设定抵押不为不法原因的"给付"。日本我妻荣教授指出，"必须赋予受益人以事实上的终局性的利益"③，由此，在甲将行贿的金钱委托乙交予丙的场合，乙事实上支配着该行贿款，因此在寄托或委托的情形中，存在"给付"。但仅仅为了担保，进行租赁或者委托，不构成给付。由此看出，对于非终局性的财货转移，如抵押的设定、支票的交付等，即使具有不法性，因不符合"给付"要件，给付人也可予以请求返还。在日本，以"赋予领受人以事实上的终局利益"为条件，试图对不法原因给付中的"给付"进行一定限制的见解，是以我妻荣先生为代表的通说。并且，我妻荣先生认为，对于"终局性利益"的判断要点在于，"是否需要对方当事人与裁判所的进一步帮助"④。如果必须对方当事人与裁判所的帮助，尚不构成"给付"。那么，在甲将行

---

① 转引自裴雪梅：《贿赂款截留行为研究》，兰州大学硕士学位论文，2017 年，第28 页。

② 王泽鉴：《债法原理 2·不当得利》，中国政法大学出版社，2002 年，第 121 页。

③ ［日］我妻荣：《债权各论（下卷一）》，冷罗生、陶芸、江涛译，中国法制出版社，2008 年，第 254 页。

④ ［日］佐伯仁志、道垣内弘人：《刑法与民法的对话》，于改之、张小宁译，北京大学出版社，2012 年，第 48 页。

贿的金钱委托乙交给丙的情形下，乙即使得不到甲的帮助也能获得该行贿款。因此在寄托或委托的情形中，给付成立，构成不法原因给付。值得注意的是，谷口知平先生认为，给付"只要给予事实上的利益即可"。与我妻荣教授为代表的日本民法通说见解相比，这一概念的外延更广。

　　日本学者林干人教授在介绍了德国不法原因给付与侵占罪的案例基础上，将不法原因给付的场合区分为狭义的不法原因给付与不法原因委托，此后得到日本大谷实、西田典之、平泽修等多数刑法学家的支持。详言之，在思考方式上，林干人教授一方面以民法为基础，肯定民法通说，只有"赋予受领人以事实上的终局性利益"才是"给付"；另一方面，林干人教授认为出于不法目的而"寄托"的场合，委托人并未赋予受托人"事实上的终局利益"，因此，不属于不法原因给付而属于不法原因寄托。即林干人教授采用的是一种委托不是给付的思考方法。那么，同样在甲将行贿的金钱委托乙交给丙的情形，因委托不是给付，此时甲将行贿款交予乙的行为构成不法原因寄托。

　　（二）不法原因给付物所有权归属的判断

　　本节需讨论的重点是不法原因给付的返还规则。关于不法原因给付的财物，给付人是否享有返还请求权这一问题上，从现有立法及理论看，大陆法系国家在一般主张不得返还之外，也逐步出现了可以返还的例外规定。

　　否定说一般认为，因给付人存在不法的原因，根据法律"不得主张自己之不法而有所请求"的原则[1]，应否定不法原因给付人的返还请求。支持否定说的具体观点有惩罚说、一般预防说、不干预说等。对此，笔者不做重点介绍，仅指出否定说符合各国的现行立法规定。

　　肯定说认为，给付者对于不法原因给付物拥有返还请求权。如果否定不法原因给付人的返还请求权，不法原因给付物就归属于受领人，这

---

[1]　王泽鉴《民法学说与判例研究（第二册）》，中国政法大学出版社，1998年，第126页。

将导致"不合法即合法"这一矛盾现象的出现。

折中说认为，对于不法原因给付物并非绝对不得要求返还，应结合各方过错程度、不法类型以及一般预防的实现予以综合判断。谷口知平先生认为，应致力于法律关系的整体寻求柔性的解决方案。作为整体的判断，谷口知平先生把当事人之间的公平、抑制进一步违法行为的发生、不法性的强弱、信赖关系以及拒绝救济导致的苛酷性等因素纳入整体考量的范围。

在委托中间人行贿的情形中，应肯定委托人的返还请求权。但对返还请求的肯定并不是因为金钱的所有权归属于委托人，事实上在寄托金钱的情形中，谷口知平先生认为金钱的所有权已经发生转移，此时不应以所有权的归属为基准解决问题。此时，谷口知平先生一方面基于宽泛的"给付"概念，肯定寄托金钱的场合为不法原因给付，另一方面又认为此种场合应综合考虑各种因素，限制日本民法第 708 条对不法原因给付物不得请求返还的适用，从而肯定金钱的返还请求权。谷口知平先生综合考虑的因素之一是"对进一步不法的抑制"①。在这里，谷口知平先生借鉴了英美法"反悔余地的返还请求"的思考方式。他认为在出于不法目的寄托受贿的场合，如果中间人所欲以达成的不法目的完成前，或者更为严重的不法尚未出现前给付人反悔时，认可给付人的返还请求的做法是对进一步不法的抑制。但如果中间人已经实施了部分款项的行贿行为，应否定给付人的返还请求权。四宫和夫教授也持此观点。

由此可知：首先，对于给付的认定，谷口知平先生采"只要给予事实上的利益即可"的宽泛立场，从而肯定不法原因给付的成立。其次，谷口知平先生并不认为，只要简单存在给付就应适用日本民法第 708 条不法原因给付的规定，对给付人的返还请求的肯定与否这一问题与金钱的所有权这一问题是被区分开来分别考虑的。一方面，谷口知平先生肯

---

① ［日］谷口知平：《不法原因给付的研究（第 3 版）》，有斐阁，1970 年，第124 页。

定给付人的返还请求的立场并不是基于货币所有权归属理论，即：给付行为现实发生、金钱的所有权已经转移、委托的金钱不属于委托人，这是以谷口知平先生为代表的民法学者的多数说。另一方面，谷口知平先生对于返还请求权的认可是基于整体的综合因素的考虑，综合考虑因素包括对不法行为的抑制、实现一般预防的效果、给付完成的程度、不法类型及强弱等。

笔者认为，这种对不法原因给付的思考方式应该引起刑法学者的注意与深入探讨。例如，在侵占不法原因给付物的场合，民法上对给付人的返还请求肯定与否将直接导致刑法上侵占不法原因给付物的行为的定性，从而导致在民法上不值得保护的利益与财产犯的保护法益的直接对立。因此，如何寻找不法原因给付与财产犯罪问题时民法与刑法理论的契合点，笔者将在下文展开探讨。

（三）我国关于不法原因给付的规定

我国没有明确规定不法原因给付制度。目前，一般依据《中华人民共和国民法典》总则编第一百四十四条、第一百四十六条、第一百五十三条、第一百五十四条、第一百五十七条关于无效民事法律行为制度解决不法原因给付问题。《中华人民共和国民法典》第一百五十七条对于无效民事法律行为的法律后果的规定主要为：合同无效或被撤销后，因该合同取得的财产，应予以返还。值得注意的是，该规定删除了《中华人民共和国民法通则》中关于追缴恶意串通取得财产的规定[1]，实际是将"恶意串通"行为作为普通民法法律行为处理，未给于更严苛的规范评价。由此可知，我国对于无效民事法律行为的规定相对概括，没有区分标的不法、标的物不法、原因不法、主体不法等情形。对此，笔者在此仅作叙述性说明，不展开过多评述。

---

[1] 《中华人民共和国民法通则》第六十一条第二款：双方恶意串通，实施民事行为损害国家的、集体的或者第三人的利益的，应当追缴双方取得的财产，收归国家、集体所有或者返还第三人。

二、不法原因给付与侵占罪——以向第三人行贿而委托金钱的情形

（一）问题的提出

案例 10

某市医院会计龚某系该医院院长童某表哥，章某为承接该院新住院部大楼建筑承包工程，请托龚某帮其在童某面前美言。承接到工程后，章某先后四次托龚某转交赂款 30 万元。龚某转交给童某 25 万，将 5 万元据为己有后，童某因涉嫌犯罪将龚某牵出。

案例 11

被告人李某原系某县卫生局副局长，李某与时任该县县委书记的曹某系大学同学。时任该县粮食局副局长的张某为谋取该县粮食局局长的职位，委托李某将行贿款 20 万元转交给曹某，后被曹某拒绝。李华归还章某现金 5 万元，将其余 15 万元据为己有，拒不退还。

对于案 10，论者主张中间人私自截留受委托的行贿款的行为不构成侵占罪，中间人与行贿人构成行贿罪共犯。而在案例 11 中，论者主张成立介绍贿赂罪，犯罪形态为犯罪未遂。还有观点认为此种行为构成侵占罪。对于中间人私自截留受委托行贿款行为的定性，目前理论界及司法实践中均存在较大争议。

可以肯定的是，行为人为了向第三人行贿而委托给受托者金钱的行为是一种不法原因给付行为。那么，不法原因给付人是否因不法原因给付丧失赂款的返还请求权及所有权，相应的中间人侵吞不法原因给付物的行为应构成何罪？

（二）日本的判例与学说

对于侵占不法原因给付物的行为是否构成侵占罪，日本判例持肯定态度。在受托行贿而占有受托款的问题上，二战前昭和 23 年日本判例指出，"即使物品的给付人因不法原因给付而无法请求返还，但也并不丧失对该物品的所有权，领受人也不能取得该物品，因此，对于领受人

而言，该金钱仍然是他人的所有物，该不法领得构成侵占罪。"① 由此，该判例的立场是，侵占罪的成立不以给付人行使返还请求权为条件；领受人并不取得财物的所有权作为支持判例立场的前提，这也是日本学理的通说。

然而，最高裁昭和四十五年的民法判例使得肯定侵占罪成立的刑事判决及通说的观点陷入理论障碍。昭和四十五年民事判例指出，"在赠与人无法请求返还给付物时，最适合情状实质同时也是可以明确理清法律关系的做法是,解释为标的物的所有权脱离赠与人而归属于受赠人"②。因此，在不法原因给付的场合，民法判例实际上肯定了领受人对于财物的所有权，这一结论与刑事判例及通说一贯的思考方式相悖，从而导致了理论上的难题。

与之相对，对于侵占不法原因给付物，学理上日本存在肯定说、否定说与两分说之争。

肯定说认为，侵占不法原因给付物的行为构成侵占罪。③ 主要理由概括为：第一，无论给付人在民法上是否有返还请求权，其并不丧失对于给付物的所有权，领受人侵占的给付物是"自己占有的他人之物"，因而构成侵占罪。第二，坚持违法的相对论，刑法应抛开民法上财产保护的判断，就侵占不法原因给付的行为是否构成犯罪进行单独判断。应当承认民法与刑法中的所有权概念存在差别，民法中，虽然肯定给付物的所有权已转移至受托人，但刑法上所有权仍归属于委托人。第三，从相对的行为无价值的立场出发，刑法规定的横领罪（侵占罪）不仅仅是为了保护具体被害者的所有权，还通过禁止侵害具有所有权外观的行为来

---

① 参见日本最高裁判所昭和二十三年 6 月 5 日判决，《刑法判例百选 Ⅱ》第 4 版，第 641 页。

② 参见日本最高裁判所昭和四十五年 10 月 21 日判决，《民事判例百选 Ⅱ》第 4 版，第 1560 页。

③ [日]大塚仁:《刑法概说（各论）》，冯军译，中国人民大学出版社，2003 年，第 280 页。

保护一般的所有权。①

否定说认为，侵占不法原因给付物的行为不构成侵占罪。第一，既然民法否定了给付者的返还请求权，给付人对给付物不享有所有权，该财物不属于"自己占有的他人之物"。第二，从违法一元论的立场出发，既然民法否定了不法原因给付者的返还请求权，对于民法上不予保护的利益，刑法作为"二次规范"是否还有保护的必要？对于民法上不具返还义务的领受人却通过刑事制裁的方式强制其返还，破坏了法秩序的统一性。

两分说的代表人物林干人教授指出，过去刑法作为侵占罪与不法原因给付问题予以讨论的案例，属于不法原因寄托，而非不法原因给付。刑法应对不法原因给付与不法原因寄托做出明确区分，并予以分别考虑。对于受托行贿而占有行贿款的行为，此时财产并未转移给受托人，因而不构成不法原因给付制度之"给付"，不适用日本民法典第708条不法原因给付的规定，构成侵占罪。

日本不法原因寄托的思考方式的登场背景是日本昭和四十五年最高裁民事判例中"作为反射效果的所有权转移"的观点。如前所述，昭和四十五年判例前，对于侵占不法原因给付物的行为，日本刑事判例及通说均肯定侵占罪的成立。昭和四十五年民法判决认定，标的物所有权归属于领受人，刑事判例及通说所确立的领受人并不取得所有权因而构成侵占罪的立场受到理论的冲击，由此，侵占罪陷入了理论困境。民法上存在寄托关系的不法原因给付问题，实际被林干人教授纳入不法原因委托领域，同时林干人教授在论证思路上引用了民法学者谷口知平的整体考虑学说，从而认可委托人的返还请求权。

从论证思路来看，首先林干人教授以日本民法典第708条的解释为基础，肯定民法通说认为的不法原因给付制度中"给付"，应"赋予领

---

① ［日］藤木英雄：《刑法讲义各论》，弘文堂，1977年，第340—341页。

受人以事实上的终局性利益"。其次，对日本民法典第 708 条解释时，应区分"给付"与"委托"。对于"终局性地利益转移"的判断，林干人教授并不采以我妻荣为代表的民法通说的观点，即"不需要对方当事人与裁判所的帮助便可获取财物"，而是认为委托并非转移终局性利益，因此委托并非给付。至于"委托并非给付"这一论断，林干人教授引用了民法学者谷口知平先生对法律关系整体考察的见解。谷口知平先生认为，在单纯委托的场合，为了尊重委托信赖关系并未然性地防止不法目的，民法应认可委托人的返还请求权。由此，林干人教授认为，在寄托行贿款的情形中，从预防犯罪、防止不法目实现的考量，在领受人没有实施行贿行为或第三人并未接受行贿款时，应允许委托人对行贿款的返还请求权。最后，在关于以行贿为目的而委托金钱的场合，因委托并非给付，委托人享有返还请求权，进而肯定受托人占有的财物为"他人之物"，构成侵占罪。

　　笔者认为，林干人教授"委托并非寄托"的思考方式，在不法原因委托与侵占罪的判断关系上，他一方面尊重昭和四十五年民事判例的立场，另一方面，又依据刑法自身独特的规范目的来认定犯罪，从而在刑法解释论上，努力调和日本刑法典第 252 条侵占罪与日本民法典第 708 条不法原因给付的规定。林干人教授曾言，"关于所有权的归属即使是刑法中也应尊重民法判例"。[①] 这种尊重刑法与民法立法旨趣的差异的同时，又给予民法以足够关注的思考方式，使侵占罪肯定说摆脱了理论困境，同时在日本刑法学界获得了强有力的支持[②]，两分说也由此成为最有力的学说。

　　在以向第三人行贿为目的而委托金钱的场合，就论证过程而言，对于林干人教授区分不法原因委托与不法原因给付的思考方法，民法学者

① 转引自 [日] 佐伯仁志、道垣内弘人：《刑法与民法的对话》，于改之、张小宁译，北京大学出版社，2012 年，第 52 页。
② 其支持者有曾根威彦、西田典之、大谷实等。

却不以为然。首先，民法学上并没有"不法原因委托"的概念，同时民法学者认为，领受人可以自己消费委托的财物本身就说明了领受人取得了终局性利益，因而林干人教授"委托并非给付"的思考方式自始就是"刑法学者对民法学的误读"，委托不是给付的思考方法"成为民法学的主流观点的可能性为零"①。但就结论来看，民法学者认为，并非只要有不法原因给付行为就一律否定委托者的返还请求权。在这里，对不法原因"给付"的肯定与返还请求权的否定并不存在一一对应关系。例如上文提到的日本民法学者谷口知平先生，谷口先生一方面对"给付"采"只有给予事实上的利益即可"的宽泛立场，另一方面又立足于法律关系的整体性判断，不法原因给付是否返还请求权应在考虑当事人之间的公平、对进一步违法行为的抑制、违法性的强弱、信赖关系等②因素综合判断。因此，谷口知平先生认为在因向第三人行贿而委托金钱的场合，应肯定委托人的返还请求权。四宫和夫先生也认为："领受人所预达成的事实目标的不法尚未完成时，或者更为严重的不法尚未实现时，作为倾向于肯定返还请求的要素，必须考虑与'给付'完成的程度等的相关关系。"③因此，在以行贿为目的委托金钱的场合，对具体情形的综合考虑是可以肯定委托人的返还请求权的。

由此，笔者认为，谷口知平先生与四宫和夫教授并不是从金钱所有权的所在为基准来判断问题，而是从立法宗旨看，必须考虑的一个因素是进一步犯罪的阻止及法的一般预防效果的实现。同时，从判例看，日本存在对日本民法典第 708 条限制适用的倾向。在日本大审法院 1908

① 转引自：[日]佐伯仁志、道垣内弘人：《刑法与民法的对话》，于改之、张小宁译，北京大学出版社，2012 年，第 57 页。

② [日]谷口知平：《不法原因给付的研究》，有斐阁，1970 年，第 199 页。

③ [日]四宫和夫：《无因管理·不当得利·侵权行为（上卷）》，青林书院，1981 年，第 170 页。

年的民事判决中，判例肯定了委托人的返还请求权。①

由此，如果依据上述民法学说及判例肯定具体情形中委托者的返还请求权，同时在寄托金钱的场合，作为货币"占有即所有"规则的例外，货币的所有权属于委托者，那么委托行贿的金钱应属于"他人之物"，从而构成侵占罪。

〔三〕我国的立法、司法及学说

对于向第三人行贿委托金钱的场合，受托人占为己有的行为是否构成侵占罪，我国的立法及相关司法解释均未予明确。从学术观点看，在该问题上我国同样存在肯定说、否定说与区分说的对立。

赞成区分不法原因给付与不法原因委托的观点的学者有童伟华教授②、李齐广、谢雨③、田坤④；持否定说的学者有张明楷教授、陈灿平教授。张明楷教授指出，区分不法原因给付与不法原因委托，是基于误解而形成的观点，这一区分存在疑问。⑤陈灿平认为侵犯转付的犯罪工具性款物时，一般可作为共犯处理。⑥

童伟华教授认为，在国家收缴给付物之前应肯定给付者的返还请求权，不法原因给付物不转移所有权，侵占罪成立⑦；王骏博士持侵占罪肯定说，认为只要是"保管"意义上的不法原因给付，不管民法中是否为

---

① 童伟华：《日本刑法中"不法原因给付与侵占"述评》，《环球法律评论》2009年第6期，第119页。

② 童伟华：《日本刑法中"不法原因给付与侵占"述评》，《环球法治评论》2009年第6期，第119页。

③ 李齐广、谢雨：《论刑法中的不法原因给付与侵占罪》，《政治与法律》2010年第5期，第152页。

④ 田坤：《论侵占不法原因给付物行为的性质》，《黑龙江政法管理干部学报》2009年第3期，第35页。

⑤ 张明楷：《诈骗罪与金融诈骗罪研究》，清华大学出版社，2006年，第224页。

⑥ 陈灿平：《谈侵占罪中刑民交错的两个疑难问题》，《法学》2008年第4期，第152页。

⑦ 童伟华：《我国法律规定下的不法原因给付与侵占罪》，《刑法论丛》2009年第1卷，252页

"终局性"给付，均成立侵占罪①。部分学者认为，理论上，不法原因给付物可以成为侵占罪的犯罪对象，但因现行法律侵占罪追溯方式自诉的规定会使得其虚无化②。也有学者认为，在符合民事不法原因给付的场合，阻却侵占罪的成立，民法适用 区间之外属于刑法的评价范围，对此需要对区分说予以修正。如果给付行为的不法程度较轻、给付尚未终局或者受领人的不法程度更高，受领人将给付物非法占为己有，构成侵占罪。③

司法实践中，对于中间人私自截留行贿款之行为同样存在肯定说与否定说的对立。例如最高人民法院的牛克乾法官认为构成介绍贿赂罪，犯罪形态为犯罪未遂④，否定侵占罪的成立。徐贤飞法官则认为中间人转交行贿款的行为应构成行贿罪的共犯⑤。从笔者目前掌握的资料看，肯定说似乎略占上风，例如姚万勤⑥、赵宝柱⑦、杜军⑧等检察人员均认为此种场合构成侵占罪。

上述几种观点表征的核心问题在于是否承认民法规范对犯罪认定具有约束力：否定说完全遵从民法判断，依从于民法确定的给付物的权利归属，放弃刑法评价的自主性，这是坚持缓和的违法一元论的立场，刑

① 王骏：《不法原因给付问题的刑民实像——以日本法为中心》，《法学论坛》2013 年第 3 期，第 140 页。

② 刘吉如、魏建文：《侵占罪犯罪对象之不法原因委托物研究》，《湖南社会科学》2014 年第 4 期，第 100 页。

③ 陈少青：《侵占不法原因给付物的法律规制——以刑民评价冲突的消解为切入点》，《法律科学（西北政法大学学报）》，2021 年第 3 期，第 180 页。

④ 牛克乾：《介绍贿赂未实现但拒不交还财物行为的处理》，《中国审判新闻月刊》2013 年 2 月 5 日，第 98 页。

⑤ 徐贤飞：《中间人私自截留行贿款之定性研究》，《法治论坛》第 34 辑，第 307 页。

⑥ 姚万勤：《不法原因给付物能否成为侵占罪的对象》，《人民检察官》2011 年第 12 期，第 8—9 页。

⑦ 赵宝柱：《转送贿款，截留部分据为己有如何定性》，《检察日报》2011 年 2 月 15 日，理论版。

⑧ 杜军：《中间人侵吞贿款定性要看犯意时间》，《检察日报》2012 年 1 月 17 日，第 003 页实务版。

法具有二次规范性，刑法相对于其他法领域处在相对从属的地位，"民法上允许的行为，刑法上也应当认可其正当性，不得认定为具有刑事违法性"①。与之相对，肯定说立足于违法的相对论，对民法上不法原因给付条款本身的价值予以潜在性否定。区分说尝试一条中间路线，对民法条款采取限制解释。概言之，上述学说之间的针锋相对来源于其背后的立场碰撞。

（四）结论

《中华人民共和国民法典》尚未设立不法原因给付条款，鉴于此《中华人民共和国民法典》出台过程中，不少学者主张"宜增设因不法原因而为的给付，不得请求返还条款"②。应在借鉴外国法学理论的基础上结合我国刑法规定予以探讨。理论上而言，对于受托人截取的委托贿赂款可以成为侵占罪的犯罪对象，但限于我国法律对侵占罪追溯方式自诉的规定，将其纳入侵占罪不具有实质意义。

1. 受托人截取的委托贿赂款可以成为侵占罪的犯罪对象

理由如下：

第一，区分不法原因给付与不法原因委托。笔者赞同林干人教授关于区分不法原因给付与不法原因委托的思考方式。值得说明的是，无论我国大陆、台湾地区还是日本民法中均未出现"不法原因委托"一词。一定意义上不法原因委托可以说是日本刑法学者的独创。无论民法学者是否承认这一概念，必须明确的一点是，在委托行贿等不法原因委托的场合，委托人没有转移行贿款的所有权的意思，中间人仅仅取得对贿赂款的临时占有，委托人的这一转交贿赂款的行为很难认定为"具有终局性"，因此将行贿款的性质简单套用不法原因给付制度会略显牵强。由

---

① 于改之：《法域冲突的排除：立场、规则与适用》，《中国法学》2018 年第 4 期，第 87 页。

② 崔建远：《不当得利规则的细化及其解释》，《现代法学》2020 年第 3 期，第 190 页。

此，因贿赂款的委托行为不具有终局性，中间人对贿赂款并不享有所有权，委托人不丧失贿赂款的所有权。虽然根据《中华人民共和国刑法》第六十四条规定，对于犯罪所用之工具应依法没收，但根据所有权的取得原则，在国家依法予以没收前，贿赂款的所有权仍属于委托人所有。

第二，区分委托人对不法原因委托物的所有权与对委托物的返还请求权。谷口知平先生认为，"不法原因给付不得请求返还者，并非其请求权不存在，只是相对人不得拒绝返还之抗辩而言"。① 可见，这里采抗辩权发生主义，即使在民法不法原因给付的场合，否定返还请求权并非返还请求权自身自始不存在，而是委托人请求返还给付物时，赋予受领人以拒绝返还的抗辩权。但如果受领人已经自愿返还了给付物或者作出了返还给付物的意思表示，应视为领受人对抗辩权的放弃，受领人不能以不法原因给付的理由主张返还的效果，这一效果类似于自然之债。因此，虽然我国关于不法原因委托物的返还请求权问题并未作出规定，但即使"否定说"对不法原因委托物的返还请求权予以否定，也不能据此得出委托人因此丧失所有权的结论。委托人是否具有对财物的返还请求权与委托人享有财物的所有权是不同层次的两个概念。笔者认为，在国家没收之前，贿赂款的所有权仍归属于委托人，中间人私自截留委托的行贿款的，满足侵占罪中"他人之财物"的要件。

第三，认可委托人具体情况下的贿赂款返还请求权，可以阻止不法行为的实现。在以向第三人行贿而委托金钱的情形，是否可以在具体情况下肯定委托人对贿赂款的返还请求权，笔者的回答是肯定的。在委托行贿的预备或者实行的场合，为了阻止更严重的不法行为出现以及实现一般预防目的，应肯定委托人的返还请求权。在以向第三人行贿而委托金钱的情形，在犯罪预备或进行中，如果委托人能及时向中间人要回自己的贿赂款，这种中止行为防止了行贿罪或受贿罪的发生，一定程度上

---

① 郑玉波:《民商法问题研究（一）》，三民书局，1991 年，第 109 页。

阻止了犯罪目的的实现。司法实务中此类情形一般认定为受贿罪，如果中间人向第三人送出贿赂款定行贿罪，没有送出贿赂款而私自截留定受贿罪，这样的定罪方式一定程度从侧面变相引导中间人积极完成行贿这一不法目的，从而不利于法的一般预防的实现。

　　第四，根据经济的财产说，基于对社会秩序的维持，刑法保护的对象不仅限于合法的利益，还包括非法的利益。在 Bruns 看来，"刑法是有固有目的的和使命的独立的法律，侵害法益由民法来决定的思考方法应该否定"[①]。经济的财产说实际上重视行为人反社会的意思以及行为的无价值，在违法性判断上坚持违法相对性。法律的财产说认为，刑法的保护法益必须是民法上值得保护的财产权利。[②] 该说实质上强调财产的合法性，"如果是被法秩序所否认的利益，即便从纯粹经济的观点看是有价值的，那也不应受刑法的保护"[③]。法律的财产说实际上坚持了违法一元论的判断。笔者赞同经济的财产说，基于刑法与民法之间立法旨趣的差异，民法的机能在于对私权的动态保护，刑法的机能在于对社会秩序静态安全的维护。基于对秩序维护的考虑，即便是没有民法保护的利益，刑法也应予以处罚，不能由"民法上的偶然性"左右刑法的判断[④]。具体到不法原因委托的贿赂款，笔者认为即使采民法上返还请求权否定说，民法否定不法行为的司法救济权与刑法对于受托人的否定评价并不矛盾。此时民法关注的是委托人，民法否定委托人返还请求的方式，实际上是一种制裁和惩罚；而刑法关注的是受托人，在这里，侵占罪的保护法益是不法原因委托物的所有权与委托信任关系，刑法否定评价的是委托人对作为贿赂款的犯罪工具占为己有、拒不返还的行为。惩罚委托人的行为本身并非强制要求委托人将贿赂款返还给委托人，保护委托人

---

　　① 　[日]林干人：《财产罪の保护法益》，东京大学出版社，1984年，第85页。

　　② 　转引自童伟华《诈欺不法原因给付财物与利益之刑法分析》，《汕头大学学报（人文社会科学版）》2009年第1期，第61页。

　　③ 　刘明祥：《财产罪比较研究》，中国政法大学出版社，2001年，第11页。

　　④ 　[日]林干人：《财产罪の保护法益》，东京大学出版社，1984年，第232页。

的"具体所有权",而是因为这种侵占行为侵害了贿赂款的"所有权的外观",刑法要通过"禁止侵害具有所有权外观的行为来保护一般的所有权"。即,不论贿赂款所有权最终归属于谁,受托人仅是占有人的身份。因此,民法上不予保护的利益也可以成为刑法的保护对象,不法原因委托的贿赂款物可以成为刑法的保护对象。

2. 受托人截取贿赂款成立侵占罪的实践困境

第一,贿赂款的性质为犯罪过程中的工具性财物。这类财物与受委托保管的他人财物的本质区别是其为犯罪工具,委托人将其交给受托人的目的并非单纯的保管,而是为达到犯罪目的让中间人尽快送出去。贿赂款实质是为了实施犯罪而委托他人代为交付的委托物。因此,委托人与中间人之间具有他罪的共同犯罪故意,客观上实施了行贿的共同预备或实行行为,不论最终是否完成行贿,一旦案发,该贿赂款均应作为犯罪工具予以没收。即,在不法原因为犯罪的情况下,不法原因委托财物的所有权归属因法律的规定发生变化,即直接归属于国家。因此,实践中向第三人行贿而委托的贿赂款除极少数情况外,通常不可能成为普通侵占罪的犯罪对象。

第二,侵占罪的追诉方式为自诉。根据《中华人民共和国刑法》第二百七十条规定,侵占罪为"告诉才处理",但与侮辱罪、诽谤罪、暴力干涉婚姻自由罪、虐待罪等罪名不同的是,后四种罪名在"告诉才处理外",均存在"但严重危害社会秩序和国家利益的除外""但引起被害人死亡的除外"的例外规定,也就是说在后四种罪名中在严重情节出现时国家享有追诉权。而侵占罪例外规定的缺失,使得如果受害人不行使自诉权,国家机关就无法自行启动追诉程序。对于中间人私自截留行贿款的情形,由于委托人行贿的存在,不管委托人是否享有贿赂款的所有权,对于触犯国家法律的委托人来说,其不可能也不敢再通过自己的告诉来请求法院返还贿赂款,同时国家也不可能启动追诉程序。由此,侵占罪"告诉才处理"的法律规定,即便理论上肯定侵占罪成立的可能性,实践中被虚化的可能性也很大。由此，理论上，以向第三人行贿而委托的金钱可以成为侵占罪的犯罪对象，但从现有法律规定看存在操作困境。对于中间人私自截取受委托的行贿款的情形，比较务实的思路是：首先考虑是否构成其他罪的预备犯、中止犯或者是否可以以共犯论处；如果不能构成他罪或者运用共犯理论定罪，再考虑构成侵占罪的可能。总之，司法实务中此种情形应谨慎适用侵占罪。只有在极其个别的情况下，侵占罪才有成立的可能。例如中间人为私自截留贿赂款而中止行贿，那么，中间人属于行贿罪的犯罪中止，如果没有造成损害中间人应免除处罚，因此不可能通过他罪或共犯理论处罚中间人。此时对于单纯的侵占行为而言，如果委托人告诉的，中间人可以构成侵占罪。

三、不法原因给付与诈骗罪

（一）问题的提出

案例 12

马某某诈骗案：2001 年初，宋某某、赵某某等人涉嫌故意伤害罪。被取保候审后，赵某某找到被告人马某某，请其为其他同案犯，包括宋某某进行辩护，并提出由马某某在司法机关斡旋。了解了宋某某案情，马某某认为此案可以依据法律规定中止审理。马某某未如实说明，并称其可以利用认识本案审判人员这一关系帮宋某某逃避刑事处罚，并向赵某某索要 100 万元作为费用。赵某某首付 30 万元。马某某指定本所二名律师并找来一名律师曹某作为三名被告的辩护人，并支付曹某 5000 元。在办理此案的过程中，宋某某的辩护律师邱某依据法律规定向法院提出对宋某某中止审理的申请，并获批准。马某某得知这一情况后仍对赵某某予以隐瞒，并索要余款 70 万元。[①] 一审法院以被告人马某某犯诈骗罪，判处其有期徒刑十一年，并处罚金 50 万元。马某某不服提出上

---

① 马某某诈骗罪一审判决书，http://lawyerwbx.blog.163.com/blog/static/13144970520099318274819/，访问时间 2016 年 2 月 17 日。

诉，二审法院裁定维持原判、驳回上诉。

本案中，被告人马某某实施了诈骗行为，使受害人陷入错误并交付了财物，同时，受害人交付财物的行为又是不法原因给付行为，即受害人交付财物的目的是非法的。诈骗罪与不法原因给付的关系成为一个理论难点问题。

案例 13

章某的女儿高考志愿为北京某大学，章某担心其女儿不能录取，熟人李某声称其认识招生办的主任，可以帮助章某女儿录取，但需要办事费 20 万元，章某信以为真、如约支付 20 万元。李某并未找人疏通将 20 万元占为己有，章某的女儿因达到该高校的录取分数线被成功录取，法院认定李某构成诈骗罪。

本案中，宋某、章某交付金钱的行为意义：既是民法上的不法原因给付，同时又作为诈骗罪中被害人对受骗财物的交付。依据民法规定，对于基于不法原因而给付的 20 万，宋某、章某将丧失返还请求权。那么，刑法上是否可以将不法原因给付的金钱评价为诈骗罪的犯罪对象？

（二）日本判例与学说

关于不法原因给付与诈骗罪，日本判例及通说均肯定诈欺罪的成立。从与侵占罪的比较看，学说构建上，虽然侵占罪与诈欺罪均存在与不法原因给付的关系问题，同时两罪名均涉及不法原因给付物的返还请求权问题，但日本并未将侵占罪否定说的理论逻辑直接适用于诈骗罪否定说，采否定侵占罪而肯定诈骗罪的见解，这得到了大多数日本刑法学者的认可。

日本刑法理论将判例分为两种类型予以讨论：财物诈欺与利益诈欺。

1. 财物诈欺

在财物诈欺的场合，判例肯定诈欺罪的成立。例如违反日本经济统制法预购买黑市大米被骗取预付金的情形、准备走私毒品被骗而交付金钱的情形。日本大审法院 1910 年 5 月 23 日判例^①认为，"只要是使用欺骗手段侵害了对方对财物的支配权，即便对方交付财物是基于不法原因，属于民法上不能请求返还或不能请求赔偿的情况，也成立侵占罪"^②。

判例的论证逻辑：即使被害人具有不法目的，但可以肯定被害人交付的是其适法占有的财物，该财物因被骗而交付。交付后，被害人是否享有给付物的返还请求权，这种属于民法不法原因给付的问题在诈欺罪的场合不再需要正面讨论，这一点与侵占罪的情况并不相同。与此同时，另一种有力见解认为，诈欺罪与不法原因给付的关系也是需正面讨论的问题。西田典之教授认为，诈欺的情形属于"行为人制造了不法的原因"^③，应适用于日本民法典第 708 条但书的规定，即"不法原因仅就受益人存在时，不在此限"，进而因肯定不法原因给付人的返还请求权肯定欺诈罪成立。^④佐伯仁志先生对此作出评价，认为西田典之教授的见解是一种肯定民法上的返还请求权、回避评价矛盾、并推导出妥当结论的思考方式。^⑤

日本民法典第 708 条但书的规定为："不法原因仅就受益人存在时，不在此限。"日本判例及通说的见解是，应比较给付人与领受人不法性的大小，并在领受人的不法性较大时，适用日本民法典第 708 条。例如，在骗人说是为了走私毒品而让受害人交付金钱的场合，一般意义而言，行为人首先提出走私毒品而首创不法，即"行为人制造了不法的原因"，不法原因给付人仅迎合了行为人，行为人的不法性较大。从解释论的角度而言，在大多数诈欺罪的场合，因行为人首创了不法或其不法性较大，

---

① 参见日本大审法院 1910 年 5 月 23 日判决，日本《大审院刑事判决录》第 4 卷，第 7 页。

② [日]大谷实：《刑法各论》，黎宏译，法律出版社，2003 年，第 200 页。

③ [日]西田典之：《刑法各论》，弘文堂，1999 年，第 195 页。

④ [日]西田典之：《刑法各论》，弘文堂，1999 年，第 195 页。

⑤ [日]佐伯仁志、道垣内弘人：《刑法与民法的对话》，于改之、张小宁译，北京大学出版社，2012 年，第 61 页。

应适用日本民法典第 708 条但书之规定，认可不法原因给付人的返还请求权，进而肯定财物欺诈罪的成立。因而在财物欺诈的场合，不法原因给付与欺诈罪在解释论上取得了进一步协调的空间。

2. 利益诈欺

利益欺诈罪典型的案例为嫖客在与卖春女性交后以欺诈手段免除卖春费用的情形。关于该问题，日本判例先后出现两种意见。

札幌高等裁判所 1952 年 11 月 20 日判例 ① 认为，卖春费用因不受刑法保护而否定嫖客的行为成立欺诈罪。而名古屋高等裁判所 1950 年 7 月 17 日判例与名古屋高等裁判所 1955 年 12 月 13 日判例却肯定利益欺诈罪的成立。值得说明的是，两则判例肯定欺诈罪成立的理由并不相同。名古屋高裁 1950 年判决认为，"偶然因某种原因对价请求不能受到法律保护的场合，如卖淫中的性交仍然可以作为一种经济利益" ②。而在此后的名古屋高裁 1955 年判决肯定利益欺诈罪成立的理由是，"民法上是否有效与刑法没有关系" ③。

对比以上三则判例，首先卖春行为作为违反公序良俗的反道德行为属于民法上的不法原因给付、卖淫契约无效，在这一点上，上述三判例均没有异议。其次，对于不法原因给付之物（即卖春服务）的财产属性的认定，判例采取了不同的态度。1950 年判例，名古屋高裁肯定了卖淫服务的经济利益因而可以成为刑法财产罪保护的法益，进而肯定利益欺诈罪的成立；1952 年判例，札幌高裁则直接否定了卖淫债权的值得保护性，进而否定利益欺诈罪的成立。即，在以欺诈手段免除卖春费用的场合，判例的论证主要围绕卖春女的损失是否属于诈欺罪中的财产损失而

---

① 参见日本札幌高等裁判所 1952 年 11 月 20 日判决，载日本《高等裁判所刑事判例集》第 5 卷 11 号，第 2018 页。

② 参见名古屋高等裁判所 1950 年 7 月 17 日判决，载日本《刑事裁判特报》第 11 号，第 88 页。

③ 参见日本名古屋高等裁判所 1955 年 12 月 13 日判决，载日本《高等裁判所刑事判决特报》第 2 卷 24 号，第 1276 页。

展开。这一问题的根源实际上又回到了财产罪的保护法益的探讨。最后，与财物诈欺不同的是，在利益诈欺的场合，判例均回避了对因卖春而支付的债务支付后有无返还请求权这一问题的回答。由此，笔者认为，解释论上相对于财物诈欺而言，利益诈欺与不法原因给付关联问题存在着更艰难的调和。

（三）对日本判例评价

利益诈欺与不法原因给付触及的核心问题是关于财产罪的保护法益的探讨，即对于因违反民事法而不予保护的经济利益，刑法是否也一律不得保护？例如，在上述以欺诈手段免除买春费用的场合，肯定卖淫合同有效的观点无疑是荒谬的，但当卖淫服务履行完毕后，无效的卖淫合同是否可以成为嫖客拒不支付卖春费用的理由？或者说，在嫖客自始就不打算支付卖淫费用而缔结卖淫合同时，如果据此彰显嫖客的权利似乎是否也违反了实质公平？

对于不法原因给付的场合，被害人的损失是否属于欺诈罪中的财产损失，德国刑法学者立足于刑、民关系的理解提出了法律的财产说与经济的财产说。值得一提的是，日本民法学者道垣内弘人先生以"民法上不受强制返还的债务"[①]的类型为前提展开问题的探讨。道垣内弘人先生认为，民法上不受强制履行的债务分为三种类型：1. 没有诉求力和执行力，但认可其给付保持力的债务，2. 无效债务之给付后无法请求返还的债务，3. 无效债务之给付后可以请求返还的债务，并分别展开讨论。

1. 没有追诉力和执行力，但认可其给付保持力的债务。此种债务类似于我国民间的高利贷。《中华人民共和国民法典》第六百八十条明确规定禁止高利放贷，依据 2020 年 8 月 20 日新修订的《最高人民法院关于审理民间借贷案件适用法律若干问题的规定》第二十五条的规定，以合同成立时一年期贷款市场报价利率四倍为标准，确定民间借贷利率的

---

① 　[日]佐伯仁志、道垣内弘人：《刑法与民法的对话》，于改之、张小宁译，北京大学出版社，2012 年，第 66 页。

司法保护上限。超出此限度，超出部分的利息不予保护。因此，对于超过银行同类贷款利率四倍限度的利息债务转化为自然之债，债权人不能向法院提起支付请求权或强迫执行请求，但作为自然之债，在债务人自愿履行完毕后，应认可其给付保持力，给付人无返还请求权。

2.违反日本民法典第708条给付后无法请求返还的无效债务。此种债务即本章讨论的不法原因给付之债，例如卖淫费。卖淫合同因违反公序良俗无效，此时，如果卖淫服务履行完毕嫖客支付了卖淫费，应构成不法原因给付，否定嫖客对卖淫费的返还请求权。

3.给付后可以请求返还的无效债务。此种债务的典型例子是暴利行为的债务，例如买主利用对方急需物品的窘境，与买受人签订远高于市场价格的合同，而将原价1万元的商品作价10万元出售。此时买卖合同至少在9万元的暴利部分是无效的，对于支付给卖主的10万元，买主至少可以在9万元内享有返还请求权。

如果从支付后是否有返还请求权出发来考虑诈欺罪的成立，那么第一种、第二种债务支付后给付人无返还请求权，第三种债务给付后可以请求返还。因此，行为人以欺骗方法免除第一种、第二种债务的成立诈欺罪；行为人以欺骗方法免除第三种债务的不构成诈欺罪。在这里，诈欺罪的认定实际上是根据"被害人实质上是否具有值得保护的利益"[1]来予以认定的。

与之相对，如果诈欺罪的认定重视的是民法上合同是否违反了公序良俗原则，第一种债务与违反公序良俗的卖春债务应该有质的区别；第二种、第三种债务因原因不法而违反公序良俗。那么，行为人以欺骗方法免除第一种债务的成立诈欺罪；以欺骗方法免除第二种、第三种债务的不构成诈欺罪。在这里，诈欺罪的成立实际上又是根据民法上债权的有效性予以认定的。由此可知，在两种具体的认定标准中，第一种、第

---

① [日]佐伯仁志、道垣内弘人：《刑法与民法的对话》，于改之、张小宁译，北京大学出版社，2012年，第66页。

三种债务是否可以构成诈欺罪的认定结论上是一致的，出现左右摇摆的纠结出现在第二种债务中。

如何进一步解释诈欺罪与民法的关系问题，道垣内弘人先生借鉴了日本民法学家川井健先生的思考方式。川井健先生认为，对于违法日本经济统制法的不法原因给付行为，当禁止流通的物资已实际交付、物资流通完毕后，应认可卖主对买主的支付费用请求权。因为经济统制法的立法目的是禁止物资的流通，此时物资的履行完毕使得立法目的遭到破坏而不可能实现，但禁止金钱转移并非经济统制法的目的。借鉴此种思考方式，在卖春合同中，实际的卖春行为发生后，禁止卖淫的立法目的同样不可能实现，而禁止金钱的转移并非立法目的，从实际公平的角度而言应肯定卖春费用的支付请求权。对于买春女费用支付请求权的肯定就是对嫖客费用返还请求权的否定，这种思考方式实际上肯定了卖春女具有值得保护的利益，从而肯定诈欺罪的成立。

道垣内弘人先生引用川井健先生的思考方式，试图对以欺诈手段免除卖春费用中卖春女具有值得保护的利益予以解读。笔者的疑问是，用于类比的两类事物在性质上相同，这是类比的前提。性服务与黑市交易的性质不同，虽然两者给付均是出于不法原因，但从给付的标本来看，违反经济统制法而进行黑市交易的财物本身为合法财物，应得到法律保护，而卖春女提供的性服务本身就是非法的，不应得到法律的保护。因此，在利益诈欺的场合，不仅原因不法而且标的本身不法，通过类比的思考方式肯定卖淫女利益的值得保护性略显牵强，这也是日本否定说否定成立诈欺罪的重要理由。

实际上，问题最大的纠结仍归结于一点：违法的经济利益是否可以成为刑法的保护法益？学说中关于法律的财产说、经济的财产说、法律的·经济的财产说的探讨始终是无法回避的一个问题。那么在违法性的判断上，是应当立足于民法与刑法功能的差异，根据不同的标准分别判断，还是应当将法律视为一种体系，采取相对的一元判断已经成为刑法学者深入思考的问题。

（四）我国立法、司法及学说

如前所述，我国没有明确规定不法原因给付制度，仅借鉴无效民事法律行为的规定探讨其法律效果。司法实践中与之关联的案例，实务部门往往避开对于不法原因给付与诈骗罪关联问题的探讨，直接根据诈骗罪的犯罪构成进行认定。笔者认为，这种简单切分认定的方式避开了不法原因给付中"财产性的利益"的探讨，从而避免了刑法与民法相关问题的纠结，但同时也回避了更深层次的问题。最高人民法院《关于执行〈全国人民代表大会常务委员会关于禁毒的决定〉的若干问题的解释》第十七条规定，对于明知是假毒品而冒充毒品贩卖的行为，以诈骗罪定罪处罚。上述司法解释实际上肯定了不法原因给付物可以成为财产罪的保护法益。但同时，与之相左的司法解释也同时存在，例如最高人民法院《关于对设置圈套诱骗他人参赌又向索还钱财的受骗人施以暴力或暴力威胁行为应如何定罪问题的批复》中指出，对于设置圈套诱骗他人参赌而获取钱财的行为，以赌博罪定罪处罚。笔者认为，参赌者因"输钱"而交付财物的行为，一方面属于不法原因给付，另一方面也是行为人设置圈套、诱骗致使受害人交付财物的行为。但司法解释在该问题上却采取了另一种相矛盾的态度。实际上，我国刑法理论界目前同样缺乏对相关问题的深入研究。

（五）结论

笔者认为，不法原因给付与诈骗罪关联问题的理论争点在于，财产罪的保护法益是否必须是根据民法认定的财产权利，即对于诈骗罪中的"财产"如何认定的问题。对此，笔者赞同经济的财产说，财产罪的保护法益不应根据民法上的财产权利予以认定，不法原因给付物可以认定为诈骗罪中的"财产"。

第三节　自力救济的刑民实像

一、刑事自救行为与民事自力救济的同源性

私力救济和公力救济是两种对公民权利的基本保护方法。私力救济指权利遭受侵害时，受侵害人不借助司法程序，而依自身实力通过实施自卫或自助行为救济被侵害之民事权利。[①] 私力救济包括自卫行为和自助行为，自卫行为包括正当防卫和紧急避险。[②] 日本民法学界通说认为，私力救济有广义和狭义之分，作为广义的私力救济是一种事前性、被动性、防卫性救济手段，包括正当防卫和紧急避险。作为狭义的私力救济，是在权利侵害已经完成情况下的，具有事后性、主动性、攻击性的救济手段。本书所讨论的自力救济又称自助行为，指狭义的私力救济。

大陆法系国家，民事自力救济法定化的进程相对较快，各主要国家均不同程度确立了自力救济制度。自力救济存在方式的立法规定有两种：1.作为侵权责任的抗辩事由，以阻却违法；2.作为正当的权利行使之具体样态。例如《德国民法典》229条，关于出于自助目的扣押、毁灭或损坏他人财物者的行为不认违法的规定，属于第一种立法规定。与之相对，自力救济也作为正当的权利行使之具体样态。例如，依据《德国民法典》第859条，对于非法侵夺他人动产之行为，占有人可在追踪加害人时夺回其物。该规定方式明确赋予自力救济人以正当权利，并非作为侵权抗辩事由阻却违法。

我国现行法律没有关于民事自力救济的明确规定。民法中，私力救济的条款见于《中华人民共和国民法典》总则编之民事责任中，包括第一百八十一条正当防卫、第一百八十二条紧急避险，并将其纳入不承担责任的情形。与此相对，民事自力救济则作为侵权责任的抗辩事由零星

---

① 参见徐昕：《论私立救济》，中国政法大学出版社，2005年，第35页。
② 参见江平主编：《民法学》，北京大学出版社，2000年，第87—89页。

散见于《中华人民共和国民法典》侵权责任编，即第一千一百七十七条关于"紧急情况下扣留财物"的规定 ①。笔者认为，侵权责任的抗辩事由并非仅限于法律的规定，法无明文规定并不必然等同于法律所禁止，自力救济应属于此列。相对于公权力的"法无授权即禁止"，私权应充分遵循"法无禁止即自由"，因为在私法领域，法律更意味着一种对自由的尊重。同时，权利实现应当成为权利保护的上位概念，权利实现的方式不应仅限于民事法的明定，还应当包括权利主体在民事法正当性要求下自发实现的救助行为。自力救济制度是以权利实现为中心构建起来的，其本质是在利益衡量下赋予公民自我救济的权利。因此，民事上的自力救济应作为权利行使之样态而被肯定。

在刑事法视野中考察，通说认为民事自力救济行为与刑事自救行为具有同源性，② 即源于诸法合体时代，古代法债务行为的刑罚化。但相较于民事法，大陆法系各国刑法却鲜有关于刑事自救行为的明确规定。我国现行刑法同样未将自救行为纳入其中。依据刑法基本理念，国家作为社会权力的垄断者，其首要行为是禁止人们实施自力救济。③ 那么，刑事自救行为在刑法体系中如何定位？是应当以正当性为标准作为超法规的违法阻却事由，还是应肯定这种自救权的正当性在构成要件该当性中予以讨论？

---

① 《民法典》第一千一百七十七条：合法权益受到侵害，情况紧迫且不能及时获得国家机关保护，不立即采取措施将使其合法权益受到难以弥补的损害的，受害人可以在保护自己合法权益的必要范围内采取扣留侵权人的财物等合理措施；但是，应当立即请求有关国家机关处理。受害人采取的措施不当造成他人损害的，应当承担侵权责任。

② 徐建伟：《论自助行为》，《理论观察》2001 年第 1 期，第 65 页。

③ 参见 [斯] 卜思天·M. 儒攀基奇：《刑法——刑罚理念批判阅》，何慧新等译，中国政法大学出版社，2002 年，序言第 1 页。

二、自力救济与违法阻却事由的认定范围

（一）违法阻却事由的认定范围

如前所述，民法中自力救济的存在方式表现为两种类型——作为侵权责任的抗辩事由（即自力救济阻却民事不法）和作为公民权利行使之具体样态而存在。与之相对，刑法中的自救行为，分别被作为超法规的违法阻却事由以及作为权利实行形态在构成要件该当性中讨论。

对于同一法律行为，民法与刑法关于违法阻却事由的认定范围是需要首先澄清的问题。日本民法学者明石三郎在《自力救济的研究》一书中认为，日本民事判例对自力救济的认定相对于刑事判例表现出较为容忍、宽泛的态度。原因之一是刑法与民法价值的差异。民法中的自力救济是以权利实现为中心构建起来的，如果过分强调自力救济的禁止反而会压抑公民权利意识的成长。与此同时，刑法学者米仓明先生认为，从抑制行为的反社会性以及一般预防的角度出发，应对刑法中的自救行为予以严格限制。[①] 对于自力救济中违法阻却事由的认定范围，刑法应当比民法更为严格吗？如此一来，在民法中作为自力救济不是违法的行为却在刑法中认定为不法是否妥当？从违法一元论角度考量，同一行为不应出现刑事与民事各异的违法性判断，至少民事上不违法而刑事违法的情形不应出现。另一种情形中，对于民事上违法但并未造成实际损害的自力救济行为，因没有损害不构成侵权，但在刑事上可能因违法构成犯罪。此种情形中自力救济不构成民事侵权却可能遭受刑法的处罚，民事裁判与刑事裁判的结果存在冲突。

罗可辛教授认为，"自救行为作为一种超法规的阻却违法事由，实际上是从整个法秩序来考虑才能得以阐明的"[②]。罗可辛教授将自救行为置于法秩序的整体精神中予以把握的观点带有一定的启发性。法律追求两

---

① ［日］参见米仓明：《自力救济》，《法学教室》1982 年第 17 号，第 25 页。

② ［德］克劳斯·罗可辛：《德国刑法学总论（第一卷）》，王世洲译，法律出版社，2005 年，第 139 页。

大价值目标——自由与秩序，后者要求公民在恢复自我之权利时尽量避免对秩序的破坏，富勒认为，"法律，单纯作为秩序来说，包含了它自己所固有的道德性"[①]。在法律价值目标体系中，应肯定对秩序价值的尊重。但秩序并非意味着静态和僵化，以稳定来界定秩序的方式失之偏颇。工业文明使得法律秩序实现了动态化的过程，在这种动态的过程中，人们在自发与自由选择中回归了一种内在的秩序化，而这种内在秩序化回归的过程中交织着矛盾、纠纷与解决，并在这种动态进程中形成新的秩序。故"应对秩序做动态理解，纠纷内在于秩序之中。"[②]因此，秩序并非意味着矛盾、纠纷的压制和掩盖，而意味着符合社会相当性的解决过程，在符合"社会相当性"的范畴内，法律应对其不必涉及的领域做出留白。同时，从秩序的产生方式看，社会秩序可分为演化秩序和构建秩序，法律试图通过一系列外部规范构建起完美的命令式的秩序，但演化秩序理论的代表人物亚当·斯密、卡尔·门格尔、哈耶克在其论著中的最终研究表明：人类社会的演进是演化秩序扩展的结果。[③]人们的积极性和创造性在演化秩序得以更好地调动，人类自由的本性也得以更好的发挥。构建秩序自身，并不足以产生构成社会秩序的全部规则。因此，即使强调法的秩序价值，刑法也不应对自救行为的认定范围过于狭窄。从法秩序的统一性出发，如果民法中积极肯定自力救济，刑法就有必要对自救行为予以宽泛的理解，以合理设定违法阻却要件。从而在自力救济的认定范围上，刑法与民法得以一定程度上调和。

（二）紧急性要件的认定

案例 14

被告 A 在承包建筑工程时，发现邻居 B 家部分房檐越过边界，如不

---

① 沈宗灵：《现代西方法理学》，北京大学出版社，1993 年，第 71 页。

② 王亚新：《社会变革中的民事诉讼》，中国法制出版社，2001 年，第 227 页。

③ 转引自曹化：《秩序与自由的碰撞——风险社会背景下的刑法基本价值研究》，华东政法大学 2013 年刑法学博士论文，第 70 页。

马上拆除工程将耽搁。在大致征得 B 同意后，A 将越界的 25 根木房檐前端切去约十厘米，并慎重修补。B 在同意后不久就向法院请求工程中止的假处分，要求追究 A 损坏建筑物的刑事责任。1969 年，日本岐阜地方法院判决认为"被告人的行为是为了保护自己的权利免受紧急且不法的侵害而实施的行为，……因此，该行为是通过刑法第 35 条（正当行为）来阻却违法的"①。这是日本地方法院肯定因自救行为而产生的违法阻却事由的判例。

值得注意的是，日本刑法没有规定自救行为。在本案中，紧急性这一违法阻却一般要件的认定依据的是民法的判断。民法中自力救济的紧急性，不仅仅是时间上紧迫性的考量，还包括施工费用、功夫花费等层面，这样一种常识性的判断其判断基准并不明确。佐伯仁志先生由此提出，同样的情形，零细企业中断工程可能破产而大企业即使暂时中断工程也不可能破产，那么对于同样情形的自力救济的评价，根据行为人属性的不同，相同的行为就会出现或者阻却违法或者违法的判断，似乎存在疑问。②因此，是否可以将民法紧急性要件的判断原封不动地纳入刑法自力救济要件的判断中？因日本刑法本身并没有规定，由此涉及刑法的解释问题。自救行为作为权利行使的样态，其本质是在利益衡量下赋予公民自我救济的权利。因此，被侵害利益与侵害利益的衡量应成为司法裁判中的重要考量点。如果中断工程所带来的利益损失对于零细企业与大企业明显不同，这种个体因素作为责任问题，纳入期待可能性问题中予以考虑似乎更合适。

三、占有取回权与盗窃罪的成立与否

在大陆法系所采用的阶梯式犯罪论模式中，自救行为在刑法中除了

---

① 岐阜地判昭和 44.11.26 刑月 1 卷 11 号，第 1075 号。

② 参见 [日] 佐伯仁志、道垣内弘人：《刑法与民法的对话》，于改之、张小宁译，北京大学出版社，2012 年，第 261 页。

作为超法规的违法阻却事由被讨论，也可能因涉及财产罪的保护法益问题，在构成要件该当性中被讨论。

占有是指占有人对动产或不动产的实际控制。占有制度的目的，在于通过维护物的现有事实秩序，禁止私力救济。与之相对，占有取回权，是指为恢复原占有状态，占有人自力取回被侵夺的占有物之权利。

案例 15

福州"小偷告失主案"：福州 2004 年，杨某发现有人（方某）盗走自己的自行车后，对其实施追赶。为逃脱追赶，方某骑着偷来的自行车在机动车道上违规行驶，发生交通事故。方某以杨某为被告，请求杨某对其人身损害承担赔偿责任。[①]

本案中，在对盗窃罪的违法阻却事由以及作为违法阻却的一般根据的社会相当性理论讨论前，首先需在明确本案中财产罪的保护法益是否受到侵害，这属于构成要件该当性问题。

在德国，理论通说和判例支持以刑法的独立性作为基础的经济的财产说。[②]在日本，财产罪的保护法益主要围绕本权说与占有说展开。二战后，日本最高裁判所判例逐渐由本权说转变为占有说。[③]在最早涉及我国刑法财产罪保护法益的研究中，张明楷教授认为财产犯的保护法益首先是财产所有权及其他本权，其次是占有；相对于本权者恢复权利的行为而言，非法占有不是财产犯的保护法益。[④]

首先，在盗窃既遂的场合，不法侵害行为已经完成，正当防卫的时间结束。原所有权人追踪、强力夺回其物的行为应纳入自救行为范围。原所有权人以强力夺回其物时，盗窃犯的占有首先被侵害，这种侵害在自力救济的范围内是否应被许可？无论是本权说、平稳的占有说以及张

---

① 冷翠玲：《自救行为研究》，吉林大学 2014 年刑法学博士论文，第 56 页。

② [日]林干人：《财产犯的保护法益》，东京大学出版社，1984 年，第 42 页；转引自刘明祥：《财产罪比较研究》，中国政法大学出版社，2001 年，第 10—11 页。

③ [日]曾根威彦：《刑法の重要问题（各论）》，成文堂 2006 年，第 125 页。

④ 张明楷：《刑法学》，法律出版社，2007 年，第 702 页。

明楷教授的观点，行为人此时的占有应解释为刑法上不值得保护的占有，原物所有权人追踪、夺回其物的行为因不符合盗窃罪的构成要件，不成立犯罪。

值得注意的第二个问题是：自力救济的过程中时常产生另外的损失事实。例如方某的被殴打、被撞伤，这种损害事实首先是一种侵权甚至犯罪，即作为手段的不法。此时，"不应混同作为手段的违法性与作为财产犯的违法性"①，不应因肯定侵权行为就否定自力救济，而是需要把因手段的不法导致的侵权或新的犯罪的成立与自力救济分别考虑。又例如，为了取走他人非法占有、自己所有的财物，闯入他人住宅的场合，作为手段行为的侵入他人住宅显然具有违法性，但在侵入他人住宅罪之外，却没有必要成立盗窃罪。财产罪的成立与否首先应在构成要件阶段考虑被害人的占有是否具备值得保护的利益，而非在违法性阶段进行判断。

四、非典型担保权人的自助取回权、变卖权与盗窃罪的成立与否

与日本法不同，德国和英美法系国家在肯定公民广泛的权利行使的立法背景下，对自力救济在担保物权保护及实现中的制度设计采取了相对宽泛的态度。依据《美国商法典》第503条，在没有约定的情况下，"债务不履行时担保权人有权取得担保标的物的占有"。在遵守债务人和第三人保护条款的前提下，担保权人具有随意取走担保标的物并予以变卖的权利。②同占有的取回权相同，自助变卖权的规定并非作为违法阻却事由而存在，这一自力救济方式是作为非典型担保权人所具有的权利内容予以明确的。在这里，对于担保权人占有的他人之物，法律直接赋

① 参见 [日] 佐伯仁志、道垣内弘人：《刑法与民法的对话》，于改之、张小宁译，北京大学出版社，2012年，第264页。
② 参见高圣平：《美国统一商法典及其正式评述（第三卷）》，中国人民大学出版社，2006年，第222页。

予其变卖的权利，那么自助变卖权本身并非侵权行为因而谈不上违法阻却的问题。因此，有必要在构成要件该当性阶段直接否定盗窃罪的成立。

与此相对，日本判例则表现出更为严苛的态度。日本最高裁判所平成元年7月7日判例：利用附买回约款的汽车买卖合同进行汽车融资的出借人（债权人），擅自使用私配的钥匙，将作为卖与担保标的物并已取得所有权的汽车从被害人（债务人）的车库中盗出。① 在日本，卖与担保作为一种非典型的担保形式，又称"买卖的担保"或"卖渡抵当"，是指以买卖方式移转标的物的所有权，而以价金名义通融金钱，并约定日后得将该标的物买回的制度。此种担保形式与我国典权制度类似，所不同的是，典权移转的是标的物的使用收益权，而卖与担保移转标的物之所有权。对于此案，原审裁判所认为"最初附有买回契约的买卖合同，不仅内容上含有暴力因素，而且在方法上也有乘买方无知窘迫的恶劣性质，所以合同无效或被撤销的可能性很大，所有权能否转移于被告人一方在法律纷争上留有充分的余地。"因此，原审裁判所以"担保提供人的占有具有值得法律保护的利益"为由，肯定了盗窃罪的成立。最高裁判所驳回了被告人的上诉请求，并作出如下阐述："被告人收回汽车时，虽然汽车处于借用人事实上的支配之中，但即使认为被告人拥有所有权，被告人的收回行为仍属于《日本刑法》第242条中的盗窃他人占有的物品的行为，应构成盗窃罪，并且其行为已经超出了社会通念上借用人所能容忍的限度，只能说是违法。"

本案中，首先在构成要件阶段，原审裁判所与最高裁判所对于盗窃罪的保护法益明确采"纯粹的占有说"。虽然二刑事判决均未深入民事领域过分纠结于附买回契约的汽车买卖合同的效力及借用人是否丧失买回权问题，但均认为汽车处于借用人事实上的支配范围内，从而肯定借用人对汽车的占有，该当盗窃罪的构成要件。在第二阶段利用社会相当

① ［日］《刑法判例百选Ⅱ（第四版）》，刑集43卷7号，第607页。

性理论判断违法性阻却问题。相对《美国统一商法典》规定的自力取回权及自助变卖权，日本案例中的盗窃汽车事件自始就没有作为自力救济行为予以认定。一定意义上而言，自力救济作为权利的行使范围问题被解读时，实际上涉及一国的权利意识及社会通念上的价值判断。米仓明先生就此认为，"过渡地强调自力救济的禁止未必是近现代国家的方式，反而会伴随有抑压权利意识成长的弊害"①。

第四节　民事法律行为的效力与犯罪的成立

一、无效或可撤销的民事法律行为与犯罪的成立

依据民事法律行为的效力形态，传统民法一般把民事法律行为分为有效的民事法律行为、无效的民事法律行为和可撤销的民事法律行为。与此相反，（广义的）无效是指所期望的法律后果因法律制度对其效力的否定而没能实现。

大陆法系国家认为，法律行为的核心是当事人之间的意思表示。因此，意思表示所期望的法律后果若能全部得以实现，法律行为即为有效。与此相对，意思表示所期望的法律后果因法律制度对其的否定而没有实现，即为法律行为的无效（广义）。②其中包括狭义的无效、可撤销。意思表示虽有法定重大瑕疵，但基于意思自治的民法原则，对只涉及当事人个人利益而不涉及社会公共利益及第三者利益的意思表示行为，法律赋予当事人撤销权，法律行为即为可撤销。③

民法中法律行为撤销或无效的效果对刑事裁判是否会产生实质性影响？一个更深层面的思考：如果坚持刑法的从属性，那么刑事裁判是完全依赖于民事裁判还是民事实体关系？如果违法一元论在这里所强调的

---

① ［日］米仓明：《自力救济》，《法学教室》1982年第17号，第30页。

② 陈自强：《民法讲义Ⅰ契约之成立与生效》，法律出版社，2002年，第278页。

③ 于达海：《可撤销民事法律行为效力分析》，《长春教育学院学报》2013年第18期，第18页。

是遵从于民事裁判的结果，将导致的直接后果是某些刑事案件不等待民事诉讼的结果就无法明确财物所有权的归属或者最终案件的结果完全根据民事裁判决定。

笔者对这种观点持否定态度。不可否认，在某些案件中，如果不等待民事诉讼的最终结果，刑事部分与民事部分可能出现相互矛盾的判断，为维护裁判公信力与既判力，采取先民后刑模式等待民事诉讼的结果是必要的。但民事实体权利义务关系作为一种客观真实的自然存在，其在大多数情况下并不是在民事诉讼中形成的，只有在极少数纠纷中需要借助于民事诉讼程序予以确认或形成新的权利内容。因此笔者认为，民事实体关系与民事诉讼的结果并非天然的对应，虽然两者均有紧密的联系而无法抽象的分离，但民事实体关系不等于民事裁判的结果。

对于以上问题，笔者借助日本案例论述之。在日本出现了关于民事法律行为无效或被撤销时，刑事裁判的效果是否受到影响的著名案例。

案例 16

日本"渔联案"：被告人所在的建筑物上设立的抵押权被实行后，抵押权人长崎县渔业协同组合联合会（以下简称县渔联）接受了拍卖许可决定，在根据拍卖进行了所有权转移登记后，执行官前去该建筑物执行裁判所发出的不动产移转命令时，被告人用斧头砍断了该建筑物的支柱，致使房屋毁坏。该案中，被告人主张：由于抵押权的设定是基于县渔联职员的诈骗，被告人设定该抵押权的意思表示因诈骗这一理由而早已被撤销，因此，抵押权并不存在。因为不存在抵押权，作为竞买人的县渔联也就不可能通过基于该不存在之抵押权而进行的竞买程序取得该建筑物的所有权。因此建筑物属被告人所有，被告人的行为最多是毁坏自己的所有物，不构成损坏建筑物罪。[①]

值得说明的是，一审、二审及最高裁判所对该案表明了截然不同的

---

① ［日］佐伯仁志、道垣内弘人：《刑法与民法的对话》，于改之、张小宁译，北京大学出版社，2012 年，第 159 页。

态度，笔者以一审、二审及最高裁判所的判决理由为切入点，对该案展开分析。

对于该案，一审法院作出了被告人无罪的判决。一审判决认为，由于不能否认县渔联职员成立诈骗的可能性，那么建筑物的所有权问题不能得到排除合理怀疑的证明，[①]因此被告人无罪。与此相对，二审法院认定被告人成立毁坏建筑物罪。首先二审法院认为县渔联职员不构成诈骗罪，进而在被告人实施毁损行为时，建筑物属于县渔联所有，被告人毁坏建筑物罪成立。被告人上诉，最高裁判所驳回上诉。值得注意的是，最高裁判所的长岛法官对于该案的补足意见中写道，不能得出如下结论——将民事法上认为属于他人所有的解释、判断往往直接适用于刑法构成要件上认为属于他人所有的解释，以及民事法如果做出不属于他人所有的判断，刑法也必须解释为不属于他人所有。"民事法的目的在于通过终局性地决定物之所有权的归属以寻求财产关系之法律秩序的稳定；与之相反，刑法的目的则在于通过对物的现实所有关系的保护，防止既存财产关系之法秩序的破坏。"[②]

对于毁坏建筑物罪中建筑物"他人性"的判断，一审、二审及最高裁判所表现出了各自不同的判断及理论逻辑。

第一，在一审、二审判决中，虽然判决结论不同，但裁判所在认定被告人是否成立犯罪这一问题上，均围绕县渔联职员的行为是否构成诈骗以及抵押权设定的意思表示是否因诈骗而被撤销进行。在这里，一审、二审判决实际上均是根据民事法作出，即，从民事法出发对建筑物的"他人性"进行判断。具体而言，一审判决民事法中肯定诈骗的可能性—建筑物的"他人性"达不到刑事证明标准—不构成犯罪。二审判决民事

---

① 参见王骏:《财产罪中违法一元论与违法多元论对立之展开》,《中国石油大学学报（社会科学版）》,2013 年第 4 期,第 42 页。

② ［日］佐伯仁志、道垣内弘人:《刑法与民法的对话》,于改之、张小宁译,北京大学出版社,2012 年,第 169—170 页。

上否定诈骗行为的成立—否定民事上撤销的效果—肯定建筑物的"他人性"—肯定犯罪的成立。因此，一、二审判决实际上均在违法性判断之前的构成要件阶段加入了民事法的实体权利内容，即刑事裁判实际上是依赖于民事实体关系作出的。这种肯定刑法对民法实体权利从属的观点实际上遵从了违法一元论。

第二，证明程度问题：在一审中，虽然刑事裁判依从于民事实体关系的判断，但对于建筑物"他人性"的证明是依据刑事诉讼的证明程度及标准进行的。

第三，一审判决严格按照刑事诉讼证明标准，进而在证明标准上否定被告人毁坏财物罪的成立。即，建筑物的"所有权"这一民事实体关系是在刑事诉讼程序中依据刑事诉讼证明标准独立判断的，民事实体关系并非民事诉讼结果中被确立的实体关系。因此，此案中，刑事裁判虽然遵从违法一元论，从属于民事实体关系，但并不从属于民事裁判的结果。在这里，刑事裁判中作为前提的民事实体关系与民事诉讼的结果做了严格的区分。

由此，一、二审法院是根据民事实体关系内容的判断来决定刑法中财物的所有权进而决定犯罪的成立与否。与此相对，最高裁长岛法官从另一个视角对该案例给出答案。在最高裁判所的判决中，广岛法官实际上回避了诈骗成立与否以及设立抵押权的意思表示是否因诈骗而撤销的争论，而将财产罪的保护法益从"建筑物的所有权"转变为"建筑物当时的事实上的所有关系"。也就是说，不管建筑物之所有权的最终归属为何，当发生争论时，刑法应时效性的实现阻止他人对"既存的财产关系"的法秩序的破坏。由此，本案中，不管建筑物的民事实体权利关系内容如何，被告人损坏建筑物的行为均有进行否定评价的必要。佐伯仁志先生认为，长岛先生的补足意见实际上暗含了"禁止自力救济的思考方法"。

笔者认为，该案的讨论始终存在一个不容回避的问题：刑法上的所有权归属的判断是否应该考虑民法上的实体权利关系，进而在刑事裁判中，如何考量民事法律行为的撤销与无效的实际效果？本案中，被告于昭和五十三年 11 月 27 日作出了民法上撤销抵押权的意思表示，而拍卖行为发生在昭和五十四年 11 月 29 日。因该案发生在日本民事执行法生效之前，应适用日本拍卖法。根据日本拍卖法的规定：在抵押权不存在或者无效时，即使买受人已经启动基于该抵押权的拍卖并登场，买受人也不能取得该拍卖标的物的所有权。因此，至少从民事法的角度审视，因被告人撤销抵押权的意思表示行为在先，县渔联在成为买受人之前，抵押权因撤销已不存在，那么县渔联并不取得建筑物的所有权。而被告人的毁坏建筑物的行为发生在县渔联的拍卖行为之后。正如某些日本刑法学者指出的，应以行为时所有权的归属决定犯罪的成立与否，区分毁坏行为之后的撤销与毁坏行为之前的撤销二种不同的法效果。既然被告人撤销抵押权的意思表示是在毁坏建筑物之前作出的，那么毁坏行为发生时建筑物的所有权应归属于被告人，不应成立犯罪。同时，如果撤销是在毁坏行为之后，需讨论的核心问题是撤销权的效力是否溯及至民事行为成立时无效。如果肯定撤销行为的溯及力则犯罪不成立，否定撤销行为的溯及力则犯罪成立。

传统民法理论通常回避对民事法律行为合法与否的判断。当事人的意思表示真实是民事法律行为成立的要件，而民事欺诈是引起当事人之间意思表示不真实的法定原因之一。目前，无论是英美法系国家还是大陆法系国家一般均对民事欺诈行为的效力采"撤销主义"。即，对于表意不真实的民事法律行为，法律赋予相对人变更权或撤销权。可撤销的民事法律行为一经撤销，其效力溯及于行为的开始，应视为无效民事法律行为，自始不发生效力。

那么，针对本案，无论毁坏行为发生后的撤销还是毁坏行为之前的撤销，民事法上的效果均肯定其自始无效。如果起初撤销的意思表示被确认，刑事裁判中被告人是否有权主张撤销的效果而否定建筑物的"他人性"？特别是当毁坏行为发生在撤销权行使之后时，被告人是否可以主张撤销权的溯及力以及由此带来的建筑物所有权的回归，从而事后否定犯罪的成立。如此一来，民法上撤销的效果将直接影响刑法构成要件的该当性，由此，撤销权的行使所具有的溯及效力在本案中自始就被回避了。以此类推，在抵押权的设定因法定事由无效的情形中，在判断被告人毁坏行为时建筑物的归属时，因无效民事行为自始无效，因此被告人无论在毁坏行为前主张无效还是在毁坏行为后主张无效，均意味着抵押权的设定自始无效，建筑物的所有权自始未发生转移，建筑物属于被告人所有，并不存在成立犯罪的可能。因此，如果犯罪的成立与否遵从于民事实体关系的判断，在民事行为无效或被撤销的场合，这一判断将会直接影响构成要件该当性的实现。

不难理解，该案中日本最高裁判所认为，日本刑法第 260 条（毁坏建筑物罪）的"他人之建筑物"应当解释为"不以他人之所有权在将来的民事诉讼中无被否定的可能性为必要"①。笔者认为，日本最高裁判所的立场并非否定刑法的从属性，而是明确说明了民事诉讼的结果并非刑事裁判的前提，这一结论与刑法从属性也并不矛盾。

最高裁判所长岛法官的补足意见中对"既存的财产关系"的保护，佐伯明志教授认为"内情在于自力救济的禁止"，并且认为如果刑法中财产犯的保护法益是"事实上的财产秩序"，这一观点的背后更侧重于刑法防止对社会秩序的破坏。那么，对于扰乱社会秩序的行为，"涉及到财产犯时应个别的、独立的评价。……在妨害执行这一点上可以成立妨害执行公务罪，无须以损害建筑物罪进行处罚"②。

笔者赞同佐伯仁志教授的观点，如果我们承认最高裁判所驳回被告

---

① 王骏：《财产罪中违法一元论与违法多元论对立的展开》，《中国石油大学学报（社会科学版）》2013 年第 4 期，第 42 页。

② ［日］佐伯仁志、道垣内弘人：《刑法与民法的对话》，于改之、张小宁译，北京大学出版社，2012 年，第 180—181 页。

人上诉的理由在于自力救济的禁止，实际上从逻辑上就肯定了被告人对建筑物的所有权，因为只有对自己所有之财物的处分时才涉及自力救济的问题。笔者认为，虽然最高裁判所没有像一审、二审法院一样，避开对建筑物权属问题的纠结，但不可否认在该案中建筑物的"他人性"是始终存在争议的，这种避开的方式看似解决了问题实际上扩大了刑民违法性判断的差异。

二、借款合同的效力与非法吸收公众存款罪

民间融资活动中的刑民交叉案件是在我国经济持续高速增长背景下，民间资本处于国家银行体系外自由循环运行状态而高发的一类刑民交叉案件，司法实务中，绝大部分涉嫌非法吸收公众存款罪，现笔者以非法吸收公众存款罪为例展开论述。

与一般刑民交叉案件相比，此类案件典型表现为：一方面，刑事犯罪与合法民间借贷的界限模糊，犯罪所涉存款人人数众多，犯罪的认定与公众存款如何追回几乎同时进入司法视野；另一方面，此类案件并不属于刑事附带民事诉讼受案范围，但犯罪对民事借款合同效力的认定又产生实质影响。司法实务中，民间借贷涉嫌或构成非法吸收公众存款罪后，法院对借款合同及相应担保合同做无效认定代表了一种相当有市场的惯性思维，这一做法常常使得人民法院在刑事部分与民事部分如何协调问题上产生极大的困惑。

案例 17

吴某某诉陈某某、王某某及某某房地产开发有限公司民间借贷、担保合同纠纷案。该案一审法院判决：被告陈某某（债务人）限在判决生效后十日内归还原告吴某某（债权人）200 万元的借款；被告王某某、某某公司（担保人）对上述债务承担连带清偿责任。其裁判摘要认为，民间借贷涉嫌或构成非法吸收公众存款罪，合同一方当事人可能被追究刑事责任的，并不当然影响民间借贷合同以及相对应的担保合同的效

力。①

该案是最高人民法院公报案例，公报内容对合同效力的定位代表了最高人民法院对刑民交叉案件中合同效力认定的标杆性意见。遗憾的是，该意见并未引起司法实务部门的充分重视，并出现与该意见相左的判决。

案例 18

田某（债权人）因与向某（债务人）民间借贷纠纷起诉至 A 区人民法院，随后，向某因涉嫌非法吸收公众存款罪被 B 县公安机关立案侦查。2009 年 1 月，B 县人民法院作出刑事判决：一、被告人向某犯非法吸收公众存款罪，判处有期徒刑四年，并处罚金 5 万元；二、责令被告人向某退赔田某等 9 名被害人借款本金。同年 10 月，A 区人民法院作出民事判决，判令向某、向某之夫姜某共同偿还原告田某借款本息。姜某不服，申请再审，A 区人民法院再审本案后，裁定：一、撤销本院原审民事判决；二、驳回原审原告田某的起诉。田某不服，向中级人民法院上诉后，中院作出了维持原判的裁定。

实际上，法院再审后撤销原审民事判决，驳回起诉的裁定，是对借款合同效力的间接否定。那么，刑事部分认定为非法吸收公众存款罪对民事部分借款合同效力有无影响？借款合同是否有效？

笔者赞同最高人民法院认定借款合同有效的意见，理由如下：

非法吸收公众存款罪为行政犯，相对于刑事犯的自体恶而言，行政犯是禁止之恶，是对行政法规的单纯不服从引起的刑法二次规范的犯罪类型。具体到非法吸收公众存款罪，除违反《中华人民共和国刑法》外，还违反了《中华人民共和国商业银行法》《非法金融业务活动取缔办法》等前置法的规定。因而，这里刑法否定评价的对象是没有吸收公众存款资格的单位或个人高息揽存、扰乱市场秩序的行为，是市场的准入资格，而非每一笔借款合同内容本身。

---

① 《最高人民法院公报》2011 年第 11 期，第 45—48 页；浙江省湖州市德清县人民法院〔2009〕湖德商初字第 52 号。

　　同时，非法吸收公众存款罪的刑事法律事实是数个向"不特定人"借款行为的总和，而单个的借款行为可能以一种合法、正当的民间借贷关系存在，两者之间是质与量的关系，并不具有等价性。因而，非法吸收公众存款罪的成立与单个借款合同内容是否违法并无必然联系，借款人即使入罪也并不等于借款合同本身内容违法。

　　值得说明的是，此类案件不属于刑事附带民事诉讼的受案范围，依据司法被动、中立，"不告不理"的原则，如果刑事判决强行介入和干扰民事审理，实际上扼杀了民事法官对民事法律关系进行考量和判断的机会。因此，此类案件中，刑事审判不应强行介入民事法规制的领域，同时，各部门法有其自身的体系和规则，受制于各自功能的局限，在此类案件中，刑法也无法承担确认民事法律关系的任务。因而，借款合同效力认定这一实体问题，应回到民法轨道上进行。在此有必要进一步分析、明确借贷合同效力问题。

　　《中华人民共和国合同法》第五十二条规定了合同无效的情形之一："（五）违反法律、行政法规的强制性规定"，后被《中华人民共和国民法典》第一百五十三吸纳。实践中，部分法院大多以此作为认定民事部分借款合同无效的依据。《中华人民共和国民法典》第一百五十三条第一款规定："违反法律、行政法规的强制性规定的民事法律行为无效。但是，该强制性规定不导致该民事法律行为无效的除外。"该规定采取民事法律行为效力认定区分效力性强制性规范和管理性强制性规范的态度。这与《民法典》生效前，相关司法解释的态度是一致的。最高人民法院《关于正确适用〈中华人民共和国合同法〉若干问题的解释（二）》第十四条规定："合同法第五十二条第（五）项规定的'强制性规定'，是指'效力性强制性规定'。"进一步对"强制性规定"进行了限缩解释。同时，最高人民法院《关于当前形势下审理民商事合同纠纷案件若干问题的指导意见》（以下简称《合同纠纷指导意见》）第十五条规定："……人民法院应当注意根据《合同法解释（二）》第十四条之规定，注意区分效力性强制规定和管理性强制规定。违反效力性强制规定的，人民法院应当认定合同无效；违反管理性强制规定的，人民法院应当根据具体情形认定其效力。"此后，2019 年《全国法院民商事审判工作会议纪要》（以下简称《九民纪要》）进一步通过列举的方式试图明确强制性规定的识别。虽然何为效力性强制性规定，司法解释并未进一步明确，但至少可以从中解读出违反"法律、行政法规"的强制性规定并不必然导致合同无效这一信息。

根据学理解释，强制性规定分为效力性强制性规定和管理性强制性规定（或取缔规范）。效力性强制性规定，一般指"违反强制法规定的私法上的行为，在效力后果上以私法上的方式予以一定制裁的强制性规定。"① 简言之，对管理性强制性规定的违反并不必然导致私法上效果的否定，但可能受到刑法或行政法的制裁；而对效力性强制性规定的违反必然受到私法之否定。由此可知，由于公、私法有其各自调整领域，刑法上的否定评价与民法对合同效力的否定并非一一对应关系，问题的关键在于，民间借贷究竟违反了管理性强制性规定还是效力性强制性规定？

《合同纠纷指导意见》第十六条规定："人民法院应当综合法律法规的意旨，权衡相互冲突的权益，……综合认定强制性规定的类型。如果强制性规范规制的是合同行为本身即只要该合同行为发生即绝对地损害国家利益或者社会公共利益的，人民法院应当认定合同无效。如果强制性规定规制的是当事人的'市场准入'资格而非某种类型的合同行为，或者规制的是某种合同的履行行为而非某类合同行为，人民法院对于此类合同效力的认定，应当慎重把握，必要时应当征求相关立法部门的意见或者请示上级人民法院。"

人民法院在审理合同纠纷案件时，要依据《中华人民共和国民法典》第一百五十三条第一款和合同法司法解释（二）第十四条的规定慎重判

---

① 崔建远：《合同法》，法律出版社，2010 年，第 105 页。

断"强制性规定"的性质，特别是要在考量强制性规定所保护的法益类型、违法行为的法律后果以及交易安全保护等因素的基础上认定其性质，并在裁判文书中充分说明理由。下列强制性规定，应当认定为"效力性强制性规定"：强制性规定涉及金融安全、市场秩序、国家宏观政策等公序良俗的；交易标的禁止买卖的，如禁止人体器官、毒品、枪支等买卖；违反特许经营规定的，如场外配资合同；交易方式严重违法的，如违反招投标等竞争性缔约方式订立的合同；交易场所违法的，如在批准的交易场所之外进行期货交易。关于经营范围、交易时间、交易数量等行政管理性质的强制性规定，一般应当认定为"管理性强制性规定"。

非法吸收公众存款罪作为法定犯，刑法否定评价的对象是没有吸收公众存款资格的单位或个人高息揽存、扰乱金融秩序的行为，是"市场准入"资格，这里对"当事人的'市场准入'资格"的规制，属于管理性强制规定。依据《合同纠纷指导意见》第十六条规定，民间借贷合同并非当然无效，而应把裁决权留给法院进行综合认定。依据《最高人民法院关于依法妥善审理民间借贷纠纷案件促进经济发展维护社会稳定的通知》第四条规定，人民法院除根据法律意旨、维护交易安全、规制对象、法益种类进行权衡外，还应结合债权人主观状态是否明知进行综合认定。

如果债权人有理由相信债务人从事的是合法生意而非违法犯罪活动，从维护交易安全和稳定、诚实信用原则、保护债权人的信赖利益、尊重当事人意思自治方面考量，应认定借款合同有效。同时，主合同有效，担保合同亦有效。由此，债务人返还债权人的数额不仅为借款本金，还包括利息。根据《最高人民法院关于人民法院审理贷款案件的若干意见》第六条规定，民间高利贷只要不超过银行同期利率四倍应视为合法，超过四倍利率，法院应按照银行同期四倍利率依法裁决。这里就引申出了一个问题，依据具体案情对合同效力的认定，民事判决中认定的返还数额与刑事判决中认定的犯罪数额有可能出现不一致的情况。鉴于篇幅限制，笔者在此不做探讨。

第四章 刑民程序关系的具体展开

——以刑民交叉案件的裁判为视角

第一节 刑民交叉案件的审理模式

一、刑民交叉案件审理模式相关规定的演变

刑民交叉案件，既涉及实体问题又涉及程序问题。程序上应遵循何种审理思路，则是处理此类案件的逻辑起点。刑民交叉案件的处理程序问题是一个比较棘手的问题。一方面现行立法规定阙如，另一方面学界对这一问题并没有形成统一认识。

1979 年《最高人民法院人民法院审判民事案件程序制度的规定（试行）》（以下简称《79 规定》）中首先提出了先刑后民模式，"民事案件通过调查审查，发现有需要追究刑事责任的，可按刑事附带民事或先刑事后民事处理"。这是我国法律中关于先刑后民的最早规定。《79 规定》因 1982 年《中华人民共和国民事诉讼法（试行）》（以下简称《民诉法》）而废止，后《民诉法》《刑诉法》等基本法层面均没有关于先刑后民审理模式的具体规定。

1997 年最高人民法院《关于审理存单纠纷案件的若干规定》（该司法解释于 2021 年修订实施，以下简称《存单纠纷规定》）中，对刑民交叉案件审理确立以下规则：

（1）人民法院在受理存单纠纷案件后，如发现犯罪线索，应将犯罪

线索及时书面告知公安机关或检察机关。

（2）部分案件先刑后民。案件当事人因伪造、变造、虚开存单或涉嫌诈骗，有关国家机关已立案侦查，存单纠纷案件确须待刑事案件结案后才能审理的，人民法院应当中止审理。

（3）部分案件刑民并行。对于追究有关当事人的刑事责任不影响存单纠纷案件审理的，人民法院应对存单纠纷案件有关当事人是否承担民事责任以及承担民事责任的大小依法及时进行认定和处理。

1998 年最高人民法院《关于在审理经济纠纷案件中涉及经济犯罪嫌疑若干问题的规定》（该司法解释于 2021 年修订实施，以下简称《经济犯罪规定》）中，关于刑民交叉案件的审理模式确立了以下规则：

（1）案件属于不同法律事实，刑民并行。同一公民、法人或其他经济组织因不同的法律事实，分别涉及经济纠纷和经济犯罪的，经济纠纷案件和经济犯罪案件应当分开审理。[①]（第一条）

（2）案件属于不同法律关系，刑民并行。人民法院在审理经济纠纷案件中，发现与本案有牵连，但与本案不是同一法律关系的经济犯罪嫌疑线索、材料，应将犯罪嫌疑线索、材料移送有关公安机关或检察机关查处，经济纠纷案件继续审理。（第十条）

（3）人民法院作为经济纠纷受理的案件，经审理认为不属经济纠纷案件而有经济犯罪嫌疑的，应当裁定驳回起诉，并将有关材料移送公安机关或检察院。（第十一条）

（4）人民法院已立案审理的经济纠纷案件，公安机关或者检察机关认为有经济犯罪嫌疑，并说明理由附有关材料函告受理该案的人民法院的，有关人民法院应当认真审查。经过审查，认为确有经济犯罪嫌疑的，应当将案件移送公安机关或者检察机关，并书面通知当事人，退还案件

[①]　本司法解释于 2021 年修订，第一条修改为："同一自然人、法人或非法人组织因不同的法律事实，分别涉及经济纠纷和经济犯罪嫌疑的，经济纠纷案件和经济犯罪嫌疑案件应当分开审理。"

受理费；如认为确属经济纠纷案件的，应当依法继续审理，并将结果函告有关公安机关或者检察机关。（第十二条）

2005年公安部《公安机关办理经济犯罪案件的若干意见》（以下简称《经济犯罪意见》）第十三条规定："需要立案侦查的案件与人民法院受理或作出生效判决、裁定的民事案件，如果不属同一法律事实，公安机关可以直接立案侦查，但不得以刑事立案为由要求人民法院裁定驳回起诉、中止审理或撤销判决、裁定。"

2013年4月12日，最高人民法院民一庭庭长张勇健在全国高级法院民一庭庭长座谈会上总结讲话中提到："在刑民交叉的程序处理上，对于尚未形成群体性、大面积纠纷事件的个别案件，要慎用驳回起诉和中止审理。在民间借贷行为涉及合同诈骗等刑事犯罪时，实践中一些法院采取的办法是先刑事后民事。当然，先刑后民在保证认定案件事实统一，及时惩罚犯罪维护正常的社会经济秩序等方面有其优势和合理性，特别是对于涉嫌非法集资的群体性、大面积借贷行为。"

2019年《九民纪要》一方面重申了因"不同事实""刑民并行"的审理模式；另一方面，关于涉众型经济犯罪与民商事案件的程序处理，进一步强调："涉嫌集资诈骗、非法吸收公众存款等涉众型经济犯罪，……对于受害人就同一事实提起的以犯罪嫌疑人或者刑事被告人为被告的民事诉讼，人民法院应当裁定不予受理，并将有关材料移送侦查机关、检察机关或者正在审理该刑事案件的人民法院。受害人的民事权利保护应当通过刑事追赃、退赔的方式解决。正在审理民商事案件的人民法院发现有上述涉众型经济犯罪线索的，应当及时将犯罪线索和有关材料移送侦查机关。侦查机关作出立案决定前，人民法院应当中止审理；作出立案决定后，应当裁定驳回起诉。"

关于刑民交叉案件，笔者认为，其程序本质上是两个程序的结合。刑事程序体现的是公权力对于犯罪行为的惩戒，并通过个案对社会起到教育和引导作用。民事程序，是对犯罪行为或者从民事角度说是侵权行为对于受害人民事权利伤害的救济。因两个程序有本质的不同，不能因为有刑事程序而妨碍了全面、综合和彻底地对受害人权利进行救济。在处理个案时要准确把握什么时候可以中止诉讼，什么时候可以先启动民事程序，允许当事人通过民事程序进行救济。例如黑龙江的高某诈骗案，某银行一个支行的行长高某以该行的名义吸纳多家企业存款，后卷款长期在逃。虽然犯罪事实短时间内难以查清，但是存款企业完全是受害人，其和中行存在民事合同关系，同时相关证据不能证明受害人涉嫌刑事犯罪。这种情况下，存款企业提起诉讼主张权利，人民法院应予审理，而不必要等待刑事附带民事程序。

二、对先刑后民审理模式的质疑

"先刑后民"作为司法实践中处理刑民交叉案件的惯性思路，在实践中具有很大的市场，人们容易认为，对于所有的刑民交叉案件都应不加区分地适用"先刑后民"。笔者认为，无论哪种审理思路，其出发点都应当是修复受损的社会关系，如果一种审理模式将对社会关系产生更大的冲突和震荡，则这种思路有必要进行检视。

笔者认为，"先刑后民"的审理思路并不具有绝对优先地位，主要理由如下：

（一）"先刑后民"的当然做法缺乏法律依据

"先刑后民"的审理思路在实践中带有一定普遍性，甚至可以说是司法实务部门的惯性思维，其适用近乎绝对化，但这一做法于法无据。根据对刑民交叉案件中审理模式法律、司法解释及文件的梳理，刑事、民事基本法至今没有"先刑后民"的原则性规定，而《存单纠纷规定》《经济犯罪规定》及《经济犯罪意见》《九民纪要》则确立了因"不同的法律事实""不同的法律关系"引起的刑民交叉案件"分案审理"的标准。至少从现有规定看，"先刑后民"仅为审理刑民交叉案件中，与"先民后刑""刑民并行"并存的一种审理思路，并未提升到司法原则的地位。

由此，这里首先有必要澄清司法实务中普遍存在的经济纠纷案件一概"先刑后民"的误区。

（二）司法案例中的倾向性意见表明"先刑后民"的审理思路不具有绝对性

作为同一法律事实竞合型刑民交叉案件的典型案例，石家庄三鹿集团股份有限公司生产、销售有害食品案，一审法院在审理思路上就兼采"刑民并行"与"先民后刑"的审理思路，即该案刑事部分立案侦查与民事赔偿并行，同时，先通过民事诉讼补偿了部分受害者的损失后再进行了刑事审判，实现了社会效果与法律效果的统一。

前文提到的《最高人民法院公报》"吴某某诉陈某某、王某某及某县某某房地产开发有限公司民间借贷、担保合同纠纷案"，其"裁判摘要"中说明："如果民间借贷纠纷案件的审理并不必须以刑事案件的审理结果为依据，则民间借贷纠纷案件无须中止审理。"[1] 进而对"刑民并行"的审理模式给予了肯定。

（三）案件的事实特点决定刑民交叉案件的审理模式

支持刑民交叉案件"先刑后民"优先适用的理论观点一般认为，刑事诉讼侧重解决国家刑罚权的行使，民事诉讼侧重解决民事主体之间权益纠纷的补偿，两者分别指向公权和私权公权优先于私权，应优先适用"先刑后民"模式。

笔者认为，案件的事实特点决定刑民交叉案件的审理模式，根据案件类型及特点决定案件审理思路符合审判规律。以民间融资活动中较为典型的非法吸收公众存款罪为例。

对于民间借贷与非法吸收存款罪存在交叉的案件，实践中，法院采用先刑后民的审理思路具有一定的普遍性。笔者认为，这一做法值得商

---

① 参见《最高人民法院公报》2011年第11期，第45—48页；浙江省湖州市德清县人民法院〔2009〕湖德商初字第52号，浙江省湖州市中级人民法院〔2009〕浙湖商终字第276号。

权。非法吸收公众存款罪与民间借贷纠纷并非因同一法律事实引起。表面上，刑事、民事法律关系皆因"借款行为"这一法律事实引起，但深入分析，从犯罪构成看，非法吸收公众存款罪为数额犯，非法吸收公众存款罪中法律事实虽是借款行为，却是数个向不特定人借款行为的总和。因此，其中向特定人的单一借款行为与非法吸收公众存款罪的刑事法律事实并不具有等价性。或者说，单一借款行为可能以一种正当、合法的民间借款关系存在而受《中华人民共和国民法典》的保护，但多次高息揽存的行为就可能因违反刑法规范构成犯罪，两者是量与质的关系。正如有人指出："涉嫌犯罪的当事人单个的借贷行为不构成犯罪，只有达到一定量后才发生质变构成犯罪，即犯罪行为与合同行为不重合。"[①]

民间融资刑民交叉案件民事部分的审理不必然依赖刑事案件的判决结果，两者并无依存关系。刑民交叉案件中，事实认定和实体处理一定程度上应根据民事案件的审理是否须以刑事部分的审理为依据，以此安排诉讼次序。如果所涉案件中民事借贷关系明确，借贷合同、抵押担保合同等证据确实充分，人民法院按照民事诉讼的举证规则足以认定案件事实、作出判决。若机械套用"先刑后民"的审理思路，反而影响了债权人对民事权益的救济。

此外，非法吸收公众存款罪是行政犯，与刑事犯相比，行政犯的本质是对行政法义务的违反。张明楷教授甚至认为，"由于行政犯不以侵害特定个体的利益为前提而直接侵害社会法益或者国家法益，所以行政犯只有保护客体而没有行为客体"[②]。具体到非法吸收公众存款罪，其侵害的客体为单一客体，即国家金融信贷管理秩序，不包括存款人的财产所有权。因而，刑法对非法集资行为的否定评价与存款人的存款是否实际损害并无必然联系，甚至一定意义上，存款人是否是非法吸收公众存

---

　　① 　沈芳君：《构成非法吸收公众存款罪的民间借贷及担保合同效力》，《人民司法》2010 年第 22 期，第 80 页。

　　② 　张明楷：《法益初论》，中国政法大学出版社，2003 年，第 351 页。

款罪的刑事被害人这一问题均有待商榷。

民间融资刑民交叉案件，属于犯罪与民事法律行为的交叉，不同于其他刑民交叉案件中犯罪与民事侵权行为的交叉等基本形态。诸如在交通肇事、故意伤害等罪中，犯罪与侵权发生竞合，并且犯罪因对个体法益的侵害不同程度的侵害了基础性的民事权利。而非法吸收公众存款罪中借贷行为本身对基础性民事权利的侵害并未立即凸显出来。同时，民间融资借贷的刑民交叉案件不属于刑事附带民事诉讼的受案范围，采取"先刑后民"不符合效率原则。

笔者认为，"先刑后民"的最大硬伤是预断了被害人提起的所有诉讼请求均需以犯罪的解决为前提，如果把这一前提绝对化，将导致对民事部分私权的及时救济产生阻断并侵犯私权。因而，"先刑后民"虽然具有一定的价值合理性，但不应把这种审理方式绝对化、刚性化，人民法院更不能因为刑事案件已经作出生效判决，而对民事纠纷不予受理或驳回起诉。甄别具体案件类型、个案情况，作出类型性分析更合理一些。这种类型性分析，除考虑是否为同一法律事实引起外，还需考虑民事案件的审理是否以刑事案件的审理结果为依据、民事主体实体权利救济的及时性，以及案件的性质等因素。

三、先刑后民、先民后刑、刑民并行的分类适用

在刑民交叉案件的审理中，无论是"先刑后民"还是"先民后刑""刑民并行"，均具有一定合理性，但任何一个具体规则均不能涵盖所有案件类型。在刑民交叉案件的处理中，不可否认某些案件"先刑后民"应优先适用，但却不可固守"先刑后民"的惯性思维将其刚性化、绝对化，而应具体分析案件类型，兼顾效率、既判力以及权益平衡。

（一）先刑后民——纵向型刑民关系的案件

对于纵向型刑民关系的案件一般应采取先刑后民的审理模式，尊重刑法的预决效力，最为典型的一类是刑事附带民事诉讼案件。

适用先刑后民审理模式的案件特点是:(1)民事法律关系的确定对刑事法律关系具有依赖性,即民事诉讼以刑事案件审理的结果为前提或依据,或者说刑事部分的审理结果是民事部分结果做出的关键性问题。(2)刑事诉讼与民事诉讼在证明标准上的差异,刑事部分的审理会影响到经济纠纷案件中证据的采信及法律事实的认定。

（二）先民后刑——单一性刑民关系的案件

采用先刑后民审理模式的案件包括两类:

1.处于刑民分界模糊地带的单一型刑民关系的案件,应采用先民后刑的审理模式。但司法实践中这类单一性刑民关系的案件多采用先刑后民的审理模式,即民事案件中止审理,待刑事案件审查后不成立的情况下,再恢复民事案件的审理。笔者认为,对于这部分单一性刑民关系的案件,应采用先民后刑的案件审理模式。例如对于实践中多发生的合同纠纷与合同诈骗一时难以确认的情形,司法中应树立刑法、民法规范的联动思维,遵循"道德—第一次法—第二次法的犯罪化作业过滤原理"[①],将纷争的第一次解决首先交给道德,其次是民法、行政法等法律规范,最后才诉诸刑法。特别是在司法中处理刑民交叉的模糊、边缘地带时,刑法坚守自己的领域,对民事部分的处理秉持谦抑、回避的态度,反而更能从整体上保障法秩序统一性的实现。

2.民事案件的判决结果对刑事审判有重要影响的刑民交叉案件。具体包括:(1)民事案件的判决结果对刑事案件罪与非罪的认定产生影响。例如涉及民事确权之诉的案件。知识产权、股权侵权与犯罪交叉的案件,刑事部分罪与非罪的认定需依靠民法的前置性判断,此时,先民后刑成为必要。(2)民事案件的判决结果会影响刑事案件此罪与彼罪的认定。例如,根据最高人民法院关于《审理破坏森林资源刑事案件具体应用法律若干问题的解释》的相关规定,刑法上盗伐林木罪与滥伐林木罪的区

---

① 梁根林:《刑事法网:扩张与限制》,法律出版社,2005年,第34页。

分依赖于所砍伐林木权属的确定。（3）民事案件判决结果影响刑事案件量刑的轻重。依据最高人民法院、最高人民检察院关于《办理侵犯知识产权刑事案件具体应用法律若干问题的解释》的规定，以商业秘密的具体损失数额认定"重大损失""造成特别严重后果"等量刑情节，并体现不同的法定刑量刑幅度。因商业秘密的损失数额与商业秘密的自身价值有所区别，损失数额的计算属于民事案件认定范围。

以知识产权刑民交叉案件为例，"知识产权犯罪案件的一个显著的特点，就是其处理的首要前提是对权属、侵权能否成立等民事问题的判断"[①]。与一般的民事侵权与犯罪交叉的案件相比，知识产权侵权案件民事程序具有发现案件真实的优势，具体表现在：其一，民事诉讼中的权利人对于侵权产品具有更强的识别能力，并可以通过直接购买侵权产品的方式取证。其二，我国《民事诉讼法》规定的证据保全制度，为知识产权证据侵权案件中证据收集的可靠与高效提供保障。其三，我国《专利法》《商标法》《著作权法》以及最高人民法院相关司法解释中均规定了"诉前责令停止侵害行为"制度，为防止损害的扩大提供保障。特别是在目前部分法院已经设立知识产权审判庭的前提下，民、刑合庭审理意义上遵循先民后刑的审理模式已经体现了极大的优势。

（三）刑民并行——横向型刑民关系的案件

从权益的平衡保护出发，横向型刑民关系的案件应采用刑民并行的审理模式。在横向型刑民关系案件中，刑事法律关系与民事法律关系存在横向并列关系，刑民交叉案件的审理应"桥归桥、路归路"，分别进行。例如，在合同诈骗与表见代理并存；民事上违法发放贷款与刑事上用账外客户资金非法发放贷款并存；存款纠纷与金融凭证诈骗、票据诈骗、贪污、挪用公款存在交叉；贷款合同纠纷与贷款诈骗犯罪并存。

在此类案件中一定意义上而言，刑事案件的审理结果对合同效力的

---

① 江伟、范跃如:《刑民交叉案件处理机制研究》,《法商研究》2005 年第 4 期,第 34 页。

认定以及追究第三人民事责任没有影响或影响意义不大，从权益平衡保护及效率的角度而言，应刑民并行。

虽然依据《存单纠纷规定》，在存单纠纷的刑民交叉案件中，应采取"先刑后民"的审理思路，人民法院应当对存单纠纷中止审理，但最高人民法院发布的指导性案例重申了刑民并行的审理模式。例如，"广西临桂县城市信用社与中国农业银行神农架林区支行欠贷担保合同纠纷上诉案"[1]中，其判决理由中指出，该案的民事法律关系与临桂信用社有关人员的涉嫌犯罪是两个不同的法律事实，应分开审理。上述指导性案例表明，对于横向型刑民交叉案件，从权益的平衡保护出发应刑民并行。

第二节　刑民交叉案件中的管辖与证据采信

一、刑民交叉案件中的立案管辖

管辖权是审判权的基础，同时审判权又通过对管辖权的分配而被确定。由此，在刑民交叉案件的程序处理机制中，立案管辖具有重要意义。笔者对刑民交叉案件中"先刑后民""先民后刑""刑民并行"的审理模式做了明确、具体的区分，但这类区分是建立在案件性质比较明确的基础之上。对于大部分采取"先刑后民""刑民并行"审理模式的案件，一般不会造成刑民交叉案件管辖的冲突。但对于单一型刑民交叉案件以及存在权属纠纷的刑民交叉案件，司法实践中，这类案件的性质有时不经过实体审理难以判断，进而因案件性质认识上的分歧发生在立案管辖上司法机关争相立案或相互推诿的情况，这是本节需探讨的主要问题。

管辖制度上，民事关系较之于刑事关系最大的差异是：民事诉讼中，地域管辖、级别管辖等严格意义而言是审判管辖，而在刑事诉讼中，除了一审法院审判管辖外，还涉及公检法三机关分工的职能管辖问题。因此，在刑民交叉案件的管辖问题上，实际上涉及管辖法院的选择、公安

---

① 最高人民法院民事判决书:〔2001〕民二终字第179号。

机关在刑民交叉案件中的侦查权控制，以及当事人管辖权异议提请问题。

（一）公安机关在刑民交叉案件中的侦查权控制

案例 19

因股权确权纠纷，晓某与张某展开多年的民事诉讼。某省一审、二审法院作出的民事判决均认定股权属晓某所有。之后，该省法院刑事一审认定：被告人晓某利用购股代理人身份，采取虚构事实、隐瞒出资真相的手段办理了股权变更登记，侵占了张某等人的股权。被告人晓某的行为构成职务侵占罪，判处有期徒刑 7 年。

该案中，基于同一主体同一法律事实，法院分别进行民事审判和刑事审判。对于该案，郝某的股权变更是非法侵占还是合法持有的认定在刑事法律关系中处于基础性地位。从形式上看，当事人在寻求司法救济时具有对诉讼程序的选择权。在股权纠纷案件中，基于民事救济与刑事救济各自不足的补充，在民事程序启动后，当事人又利用刑事诉讼作为解决股权纠纷的工具具有正当性。与此同时，股权的归属作为刑事审判的事实基础，刑事案件的法官在刑事诉讼程序中对侵占财产罪中的诉争股权进行确权似乎具有合法性。但，一个不容忽视的事实，此案引起刑民交叉的原因在于：民事案件的一方当事人败诉，在民事救济不能实现其权益的情形下，通过向公安机关报案的方式，利用刑事诉讼推翻之前的民事判决。在此类刑民交叉案件中，刑事诉讼与民事诉讼的标的物相同、法律事实同一。同时，此类刑民交叉案件因权属争议而起，诉争对象的权利归属直接影响到罪与非罪的认定，而确定诉争对象的权利归属属于民事诉讼范畴。边沁认为，"刑罚仅仅在保证排除较之于犯罪更大的罪恶时才是必要的。因此，无根据的、无效果的、无益或者代价较昂贵以及无必要的都是应该禁止的"[①]。

因此，在此类刑民交叉案件的管辖争议中，笔者并不赞同侦查机关

---

① 边沁：《道德与立法原理》，见《西方法律思想史资料选编》，北京大学出版社，1983 年，第 484—494 页。

不顾在先的生效民事判决，径直对同一法律事实再次予以验证的做法。此类案件所暴露出的是侦查机关以立案侦查之名行插手经济纠纷之实、滥用公权力的典型表现。

对于人民法院已经按照民事诉讼程序裁决的案件，公安机关不加区分案件的性质和具体情况，恣意启动立案侦查程序的做法是造成此类刑民交叉案件产生裁判冲突的原因。2006 年公安部颁布的《公安机关办理经济犯罪案件的若干规定》是首次在侦查程序中规范刑民交叉案件处理的文件。依据该规定第十二条，对于人民法院已经受理或作出生效判决、裁定的民事案件与需要立案侦查的案件属于同一事实的，只有具备以下二个条件之一，公安机关才能对已经做出裁决的民事案件立案侦查："（一）人民法院决定将案件移送公安机关或者撤销该判决、裁定的;（二）人民检察院依法通知公安机关立案的。"

实践中，一方面，因民事诉讼与刑事诉讼地域管辖规定的不一致，某些经济犯罪嫌疑的案件公安机关并不知晓其民事诉讼进展情况，由此导致对于人民法院已经受理或裁判的民事案件，公安机关在不知情的情况下另案侦查。另一方面，因公安机关自身没有履行严格的审批和通知程序，随意立案的情况大量存在。由此，在人民法院没有中止、终结民事审判或撤销民事判决、裁定的情况下，此类案件又作为经济犯罪案件立案侦查、移送检察机关审查起诉直至审理后作出刑事判决。当刑事判决和生效在先的民事判决内容上发生冲突时，单纯通过既判力理论或证明标准简单否定生效的民事判决的效力似乎也不能很好地解决这个问题。

因此，笔者认为，解决刑民交叉案件后续实体冲突的首要环节是规范侦查环节刑事程序的恣意启动。控制刑民交叉案件中的侦查权滥用，需从两个环节入手：

1. 严格规范涉嫌经济犯罪案件立案的审批和通知程序。具体而言，公安机关发现存经济犯罪嫌疑的案件，是否需要立案侦查需考虑以下因素：（1）刑事法律关系与民事法律关系是否因同一法律事实引起。如果不属于同一法律事实，则公安机关可以直接立案侦查。（2）对于属于同一法律事实的案件，应区分是否属于单一型刑民交叉案件，即处于刑法与民法的模糊或边缘地带，或者属于纵向型刑民交叉案件，且刑事侦查程序的启动要以民事诉讼的结果为前提。例如本案中股权确权对于刑事案件罪与非罪的认定起到关键性作用。此种案件应等待民事部分审理完毕后，根据民事案件结果决定是否立案侦查。同时，在审批程序上，对于跨地域管辖的案件，需报两行政区划的上一级公安机关负责人审批。

2. 建立诉讼轨道内对侦查权的有效监督机制。目前由于侦查行为的不可诉导致其无法受到司法审查，这是刑民交叉案件中侦查行为滥用的根本性因素。虽然目前侦查行为可诉反对与支持的声音均在争取主导话语权，但笔者认为，侦查行为作为一种政府公权力，潜存对公民基本权利侵害的危险，借助于司法对侦查行为进行司法审查虽然任重而道远，但确有必要。

（二）管辖法院的选择

依据《中华人民共和国刑事诉讼法》相关规定，刑事案件由犯罪地的人民法院管辖。而依据《中华人民共和国民事诉讼法》的相关规定，合同纠纷案件，由被告住所地或者合同履行地人民法院管辖，同时，当事人可以选择协议管辖。由此，在刑民交叉案件中，因管辖标准规定的不同，就有可能形成刑事案件与民事案件法院跨行政区划管辖的情形出现。

司法实践中存在大量刑民交叉案件的跨行政区划管辖，由于不能在同一个法院内部协调，民事诉讼过程中不能及时采取保全措施，导致民事判决执行上出现困难。在本案中，民事部分立案在先、刑事部分侦查在后。同时由于民事诉讼的管辖规定涉及当事人对管辖法院的选择权，而刑事诉讼管辖法院一般为犯罪地，并不涉及选择权的问题。

刑事诉讼的管辖法院应当与民事诉讼的管辖法院尽量保持一致。具体做法:(1)对于已立案的经济纠纷案件,公安机关或检察机关认为有经济犯罪嫌疑的,在立案前的审批程序中,应尽量了解已经立案的民事案件的管辖及案件进展情况。在严格履行审批和通知程序后,应附带审查案件移送审查起诉后的管辖法院与民事案件管辖法院是否属于同一法院。(2)如果不是同一法院,应对犯罪地做宽泛的解释,犯罪地一般包括犯罪预备地、犯罪实行地、犯罪结果发生地。已经立案的民事法院管辖地是否符合犯罪预备地、犯罪实行地以及犯罪结果发生地中的任何一处。(3)如果符合,将刑事案件移送对应的公安机关立案侦查;如果立案在先的民事案件与公安机关侦查的案件跨行政区划,确实又需要立案侦查的,应报两行政区划的上级公安机关负责人批准。

(三)刑民交叉案件中的管辖权异议

管辖权异议,是指当事人认为受诉法院或受诉法院向其移送案件的法院对案件无管辖权时,而向受诉法院或受移送案件的法院提出的不服管辖的意见或主张。[①]

刑民交叉案件中的管辖权异议与普通程序中的管辖权异议相比,其特殊性在于,其发生在刑事诉讼与民事诉讼两个诉讼程序交叉适用过程中。具体而言,这种管辖权异议是因一方诉讼主体对司法机关就案件定性判断有异议,针对案件管辖权所提出的申请。例如对于单一型刑民交叉案件,实际上只存在一个诉权,当事人一方和司法机关错误的行使了追诉权,导致案件进入了刑事、民事两个诉讼程序。对此,民事案件的当事人可以以受理法院将本属于民事的案件错误认定为刑事案件,并转移给侦查机关立案侦查,造成民事权益的损害为由提出管辖权异议。

李蓉教授将民刑交叉案件界定为一种程序交错或交叉现象,究其实质是公、私分野带来的民、刑两种权利(力)和责任分野的结果。[②]由

---

① http://baike.sogou.com/v7544410.htm,访问时间 2015 年 8 月 26 日。

② 李蓉:《民刑交叉案件中管辖权异议制度探析》,《政治与法律》2010 年第 6 期,第 91 页。

此，刑民交叉案件中的程序处理往往涉及公益、私益的平衡保护与选择问题。而法律赋予案件当事人提出管辖权异议的权利以解决当事人与人民法院间就案件管辖所产生的争议，其根本价值在于平衡整体法秩序下公益与私益的关系。

刑民交叉案件管辖权异议制度的构建，在参考李蓉教授的相关设计后，笔者提出自己的设想：

1. 异议权主体：提出管辖权异议的主体可以为被告人、原告、第三人。例如在单一型刑民交叉案件中，对于法院依职权错误的将案件移送给侦查机关，民事案件中的原告有权提出管辖权异议。

2. 异议时间：依据最高人民法院关于《审理民事级别管辖异议案件若干问题的规定》，刑民交叉案件中当事人提出管辖权异议的时间可以在当事人接到人民法院作出的移送管辖裁定书 10 日内提出。

3. 异议理由：管辖权异议主要针对民事案件的当事人认为法院将民事案件错误定性为刑事案件，并不当行使移送管辖权，将案件移送给公安机关立案侦查的情况。

4. 管辖权异议的受理与审查：正在审理案件的人民法院为管辖权异议的受理机关。随着新修订的《中华人民共和国民事诉讼法》第一百三十条明确了普通程序中管辖权异议的人民法院的审查权，即"异议成立的，裁定将案件移送有管辖权的人民法院；异议不成立的，裁定驳回"。对于刑民交叉案件的管辖权异议，笔者将其设计为：对于当事人提出的管辖权异议，审查法院应当作出肯定或否定的裁定，对决定不服的，当事人可以上诉。同时，管辖权异议制度作为一项程序性救济制度，对管辖权异议的审查应仅限形式审查。管辖权异议审查期间，应裁定中止诉讼程序。

5. 管辖权异议的证明责任：对于提出管辖权异议的程序性事项，应由提出异议的主体提供管辖权异议的线索，由法院依职权调查收集相关证据。

二、证明标准——证据对刑事案件的过滤机制

证明标准，简言之，即法院判断待证事实的基准。在刑事诉讼证明标准方面，长期以来，"犯罪事实清楚、证据确实充分"的客观真实说被作为刑事诉讼的证明标准。一般认为，英美法系国家作出有罪判决的证明标准为排除合理怀疑。关于民事诉讼的证明标准，依据 2020 年《最高人民法院关于适用〈中华人民共和国民事诉讼法〉的解释》第一百零八条规定的"高度盖然性"的证明标准，对于民事诉讼中某一待证事实，只要一方证据的分量和证明力比反对方的证据更大，盖然性程度更高，法官即可对该证据所支持的待证事实予以确认。

依据 2010 年"二高三部"《关于办理死刑案件审查判断证据若干问题的规定》第三十二条的规定：证据之间具有内在的联系，共同指向同一待证事实，且能合理排除矛盾的，才能作为定案的根据。根据该规定，对于案件事实的证明，如果不能排除合理矛盾，即不具有唯一性和排他性，不能作为定案证据。这就要求根据证据对待证事实的证明具有唯一性和排他性。这是法律文件第一次对刑事诉讼法定证明标准的明确规定，[①] 此后，该规定被《刑诉法司法解释》第一百四十条吸收。《司法解释》对法定证明标准的明确规定，是贯彻"疑罪从无"原则的保障，同时，对于刑民交叉案件而言，形成了证据对刑事案件的过滤机制。

案例 20

某市某房地产开发公司（以下简称 A 公司）与某装饰材料公司（以下简称 B 公司）达成建筑施工合同。合同内容为：A 公司将某市商业大厦的幕墙工程发包给 B 公司。B 公司职工张某为幕墙工程的项目经理，施工过程中，双方发生纠纷。2009 年，按照 A 公司要求，张某对幕墙工程中的部分玻璃进行装修，并利用维修商业大厦幕墙之机，将大厦 51 块幕墙、22 块开启窗及若干百叶窗、玻璃大门拆除。经鉴定，上述物品

---

① 陈虎：《用程序正义终结刑事冤假错案——"两高三部""证据规定"要点解读》，《光明日报》2010 年 6 月 10 日。

价值人民币 22 万元。后该市 A 区公安分局侦查终结后以故意毁坏财物罪移送审查起诉。其间经二次补充侦查后，A 区人民检察院以证据不足为由建议 A 区公安局撤销案件。

在此案中，对于故意毁坏财物罪中"毁坏"行为的判断，不仅仅是一个刑事实体法的范畴，同时也是被纳入司法活动证据采纳和采信的范畴。罗斯科．庞德曾指出，事实问题"是司法上由来已久和最难解决的问题之一。法令承认提供的事实并根据事实来宣布指定的法律后果。但是事实并不是现成地提供给我们的。确定事实是一个充满着可能出现许许多多错误的困难过程"①。从证据证明看，虽然 A 公司与 B 公司存在经济纠纷属实，但玻璃、开启物等均属于需要维修的物品，拆除玻璃的所有权归属问题是首先需解决的民事问题；从证据证明内容看，无法确定张某拆除玻璃的行为是故意毁坏他人财物的唯一结论。由此，通过对证明标准的要求，证据对刑事诉讼的进程起到过滤作用。因此，一定意义上而言，对于单一性刑民交叉案件，证明标准起到了为刑事案件分流的作用。

第三节　刑民交叉案件中的裁判冲突

一、刑民交叉案件中的既判力问题

"裁判效力的问题是程序法中最核心的问题。"② 根据既判力理论，在同类诉讼中，在先生效的判决对随后的案件具有预决效力。但在刑民交叉案件中，因刑事诉讼与民事诉讼分属于不同的诉讼程序，由此刑事诉讼判决与民事诉讼判决之间是什么关系，这就是刑民交叉案件的既判力问题。它主要表现在以下几个方面：单一型刑民交叉案件中，因刑事判

---

① ［美］罗斯科·庞德：《通过法律的社会控制》，沈宗灵、董世忠译，商务印书馆，1983 年，第 29 页。

② ［日］三月章：《民事诉讼法》，弘文堂，1986 年，第 31 页。

决与民事判决共存所引发的冲突问题；刑事裁判对随后民事诉讼的效力；民事裁判对随后刑事裁判的效力。

（一）既判力理论概述

既判力理论源自罗马法"诉权消耗"制度，发展至今被两大法系所沿用，并成为刑事诉讼、民事诉讼及行政诉讼共通的理论。依据判决效力体系的通用划分方式，判决具有拘束力、形式上的确定力、形成力、执行力和既判力。既判力，即判决实质上的确定力，是指确定判决之判断被赋予的共有性或拘束力。[①] 对于已经发生法律效力判决，当事人不得就该判决内容就同一请求和诉因再行起诉，法院也不得就该判决内容再作出矛盾判决。既判力作为判决实质性效力中最基本的效力形式，一般包括两个方面内容：（1）争点阻却，即阻却针对已经诉讼并最终决定的事项的诉讼请求；（2）主张阻却，即阻却从未提出但本应在前一诉讼中提出的诉讼请求。

对于既判力理论的研究，我国起步较晚，目前通行观点认为：既判力的效力表现为对于同一案件，当事人不得就判决确定的法律关系另行起诉，也不得就同一法律关系提出与本案诉讼相矛盾的主张；同时，法院亦不得做出与该判决所确定的内容不一致的判断。[②] 前者表现为既判力的消极功能，后者表现为既判力的积极功能。对于法院裁判行为而言，既判力的作用主要在于约束后诉法院必须以前诉中有既判力的判决为前提划定审判界限，由此，首先有必要区分何为"前诉"与"后诉"存在冲突。

前诉与后诉存在冲突，主要表现为以下几种情况[③]：（1）前诉与后的诉讼标的相同。根据诉讼标的旧实体法理论，不管诉的类型是否相

---

① ［日］新堂幸司：《新民事诉讼法》，弘文堂，1998 年，第 403 页。

② 参见江伟：《民事诉讼法专论》，中国人民大学出版社，2005 年，第 77 页。

③ 参见李婵：《既判力客观范围的扩张理论研究》，西南政法大学 2009 年刑法学硕士论文，第 20 页。

同，只要前诉与后诉基于相同的诉讼请求或法律关系，那么前、后诉的诉讼标的就相同，由此，前诉判决的既判力对于后诉产生实质拘束力。（2）前诉与后诉的诉讼标的处于矛盾关系。例如，原告就某法律关系已有积极确认之确定判决后，被告又就该法律关系请求为消极确认之判决。[①] 由此，前诉与后诉的诉讼标的虽然不同，但两者的声明却是互相矛盾的，进而由于对各自诉讼标的的支持，导致前后裁判也有可能产生矛盾和冲突。这样一种诉讼标的的矛盾关系的存在也使得前诉判决的既判力对后诉产生约束力。（3）前诉诉讼标的是后诉诉讼标的的先决问题。此时前诉判决的既判力对后诉法院判决具有约束力。例如，股权确权之诉裁判对于之后侵占罪罪与非罪的认定具有约束力。由此，借助该理论分析在刑民交叉案件中的既判力问题。

（二）单一型刑民关系中，刑事判决与民事判决共存问题

案例 21

某公司因欠贷逾期不还，被银行起诉至法院，并提出要求该公司归还贷款本金、利息及逾期违约金的诉讼请求。法院根据相关证据认定合同有效，公司承担违约责任，并作出了责令被告公司在判决生效后 10 日内支付贷款本金、利息和违约金的刑事判决。判决发生法律效力后，因公司无财产可供执行，银行以合同诈骗向公安机关报案。该案经立案侦查、移送审查起诉，法院作出了被告单位构成合同诈骗罪，被告公司法定代表人被判处有期徒刑的刑事判决。[②]

此案例所折射出的问题：从既判力的角度，基于同一主体、同一法律事实、同一诉讼标的之下，刑事上合同诈骗罪与民事上的合同违约责任能否共存？在民事案件中，法院判定公司承担违约责任，违约责任是

---

① 王甲乙、郑建才、杨建华:《民事诉讼法新论》，广益印书局，1993 年，第 489 页。

② 参考林荫茂:《单位贷款案件刑民判决的共存问题》，《法学》2003 年第 4 期，第 111 页。

对贷款合同效力的直接肯定。在刑事判决中，合同诈骗罪的成立说明该公司存在虚构贷款理由、隐瞒真相的手段骗取银行贷款的行为，因当事人的行为违反了法律的强制性规定，贷款合同效力在这里受到了否定评价。

笔者认为，在同一法律事实引起的同一贷款合同之下，生效民事判决肯定合同效力后又进行的刑事审理违反了既判力理论。原因在于，在同一贷款合同之下所共存的刑民判决中，前后诉的诉讼标的处于矛盾之中。在贷款合同纠纷中，银行提出一个给付之诉，诉讼标的是要求公司归还本金和利息，诉讼理由是合法、有效的合同之债，同时民事判决中法院也支持了原告银行的诉讼理由。之后的刑事诉讼中，诉讼标的即起诉书中认定的事实：要求追究公司合同诈骗罪的刑事责任的诉讼理由是贷款合同系采用欺骗手段签订的，即贷款合同违法了法律的强制性规定，合同违法、无效。如果前、后两个判决对两个诉讼请求均予以支持，就会导致前诉、后诉的诉讼标的处于矛盾之中，进而民事、刑事判决存在冲突。由此，依据既判力理论，单一型刑民交叉案件中，在同一借款合同下，违约责任与合同诈骗罪不能共存。在民事判决在先认定贷款合同有效的情况下，应首先通过审判监督程序审查民事判决是否错误，如果刑事判决认定事实确有错误应启动再审予以撤销，之后再进行刑事诉讼；如果刑事判决认定事实没有错误，刑事案件应建议检察机关撤回起诉。

（三）刑事裁判对随后民事诉讼的效力

对于追偿因犯罪行为给被害人及家属带来损失，大陆法系与英美法系国家规定不同。一般而言，大陆法系国家规定刑事附带民事诉讼制度，并赋予被害人及家属选择权。而在英美法系国家，一般规定在刑事案件结束后，由被害人及家属单独提起民事诉讼的方式解决赔偿问题。虽然赔偿方式上，两大法系国家规定不同，但对于刑事裁判对随后民事诉讼的效力问题，采取既判力理论解决却是共通的。

笔者在借鉴两大法系国家具有普遍意义的规定基础上，提出刑民交

叉案件对这一问题的处理建议:

1. 有罪判决对随后民事诉讼的效力

大陆法系国家具有普遍性的共识是,无论是提起刑事附带民事诉讼还是被害人选择单独提起民事诉讼,在先的刑事判决具有实质拘束力。因法规竞合,刑事有罪判决对随后的民事诉讼具有的约束力主要表现为既判力的积极功能,民事诉讼不得作出与刑事诉讼有罪判决相矛盾的判决。具体而言,"不允许民事法官无视刑事法官就构成民事诉讼与民事诉讼之共同基础的犯罪事实的存在,其罪名以及对受到归咎的人是否有罪所作出的必要而肯定的决定"[①]。

2. 无罪判决对随后民事诉讼的效力

两大法系国家虽然均认为无罪判决对随后的民事诉讼没有既判力,即刑事上无罪不等于民事上无责任,但支持的理由有所不同。大陆法系国家一般从判决体系的协调和避免矛盾的判断入手[②],并展开具体分析。英美法系国家一般从证据标准的角度展开论证,认为在刑事诉讼中不能证明被告人有罪并不必然表示民事诉讼中被害人无需承担赔偿责任。

笔者认为,由于刑法与民法调整对象的部分重合,从刑法从属性而言,刑法是对具有严重社会危害性的行为的二次规范。由此,对于某些社会危害性较轻的行为即使没有入罪但并不能否认其不法性,随后的民事诉讼应当依据民事诉讼规则及实体法规范追求其侵权责任。

依据《中华人民共和国刑事诉讼法》规定,我国的无罪判决包括两类:(1)依据法律认定被告人无罪的无罪判决;(2)证据不足、指控的罪名不能成立的无罪判决。由此在刑民交叉案件中,应区分不同情形予以分析:(1)对于被告人没有实施犯罪行为的无罪判决,民事诉讼中,

---

① [法]卡斯东·斯特法尼等:《法国刑事诉讼法精义》,罗结珍译,中国政法大学出版社,1999年,第885页。

② 李哲:《刑民交叉案件中的既判力问题探析》,《当代法学》2008年第4期,第79页。

法官应对被害人的诉讼请求予以驳回；（2）对于被告人的行为虽不构成犯罪仍属于民事不法的侵权行为，若被害人提出损害赔偿请求的，其所需承担的民事责任应通过民事诉讼程序确定；（3）对于证据不足、指控的罪名不能成立的无罪判决，若被害人提出损害赔偿请求，人民法院应依据民事诉讼优势证据的证明标准判定被告人所需承担的赔偿责任。

（四）民事裁判对随后刑事诉讼的事实证明效力

关于民事裁判对随后刑事诉讼的效力问题，目前论证逻辑有两种：一方面，有学者从既判力角度展开分析[①]；与此同时，部分学者认为这涉及生效判决的事实证明效力问题[②]。笔者认为，该问题的实质是生效民事判决的事实证明效力问题，从证明标准的角度展开分析更合理。因民事诉讼与刑事诉讼在诉讼证明标准上存在差异，生效的民事裁判的事实证明对随后的刑事诉讼事实证明效力的影响应区分不同情况予以分析：

1. 原告在民事诉讼中胜诉后，公诉机关向被告提出与民事诉讼系争事实相同的主张，因刑事诉讼排除合理怀疑的证明标准高于民事诉讼中优势证据的证明标准，生效的民事判决的事实证明对随后的刑事诉讼可作为参考。依据2021年《中华人民共和国经济犯罪规定》第十二条规定，对于立案在先的经济纠纷案件，有经济犯罪嫌疑的，公安机关或检察机关应函告受理案件的人民法院，并说明理由。经人民法院审查，认为确有经济犯罪嫌疑的，应将案件移送；确属经济纠纷的，继续审理。因此，对于立案在先的经济纠纷案件，人民法院与公安、检察机关存在对立案的民事案件进行审查，并沟通、协调的机制。此种情况下，越过民事判决发动刑事诉讼进而否定民事判决对事实的证明效力与现行法律冲突。因此，这一"参考"价值并非表明随后的刑事诉讼可以越过民事

① 李哲：《刑民交叉案件中的既判力问题探析》，《当代法学》2008年第4期，第81—82页
② 李艳：《公司利益平衡下的刑民交叉问题研究》，《党史博采》2009年第12期，第1页。

判决作出相互冲突、矛盾的判决，而是指：如果两者对于待证事实证明效力认定上存在分歧，应通过审判监督程序审查，如果民事判决确有错误，撤销在先的民事判决，然后再启动刑事诉讼程序。

2. 原告在民事诉讼中败诉，公诉机关向被告提出与民事诉讼系证事实相同的主张，民事诉讼中原告以优势证据的证明标准尚且不能获胜，自然不可能以"排除合理怀疑"这一更高的证明标准获胜。由此，民事判决对随后的刑事判决具有既判力。

二、刑事判项"退赔"对民事救济权的影响

司法实践中，刑民交叉案件中发生刑、民裁判冲突的又一表现是刑事判项中"责令退赔"对当事人民事救济权的影响。经济犯罪案件中，将"责令退赔"作为刑事判决的一个判项代表了部分刑事司法实务部门的惯性做法；同时民事法官一般依据"责令退赔"的判项，认定属于"一事不再理"，裁定驳回起诉。实践中部分法院一般根据《中华人民共和国刑法》第六十四条"犯罪分子违法所得的一切财物，应当予以追缴或者责令退赔"，将"责令退赔"作为刑事判决的一项内容。当"责令退赔"成为刑事判项，同时被告人又无财产可供执行的情况下，经济犯罪刑民交叉案件审理中考验法官智慧的地方正在于如何处理刑事判决中"责令退赔"与当事人私权救济的关系。

从刑法体系看，《中华人民共和国刑法》第六十四条出现在《中华人民共和国刑法》第四章"刑罚的具体运用"之第一节"量刑"中，其立法原意是对犯罪物品的处理及量刑的适用。因而，本条规定的"退赔"并非是对当事人民事权益的具体裁决，而是对从公安机关立案侦查到法院受理审判这一流程中所收缴的赃款、赃物进行处理；并且实际退赔的情况，人民法院作为量刑情节予以考虑，如果被告人在裁判前积极退赔，可以从轻处罚。即，这里强调的是把裁判前被告人的积极退赔作为被告人主观恶性和社会危害性的评价因素之一，如果定罪量刑已经完

成、裁判已经作出，继续"退赔"作为量刑情节而言写入判项还有无实际意义？

依据《中华人民共和国刑法》规定，作为附加刑，罚金实行随时追缴制，没收财产需立即执行，并有明确的执行机关和执行程序。但退赔不是附加刑，即使把"责令退赔"写入判决主文，实践中也无法立案、执行。同时，在刑民交叉案件中，民事部分依据具体案情对合同效力的认定，民事判决中认定的返还数额与刑事部分认定的犯罪数额有可能出现不一致的情况。那么，刑事判决中仅仅责令被告人退赔被害人借款本金的做法是否正确？

同时，在此类案件中，如若刑事部分已经作出"责令退赔"的判项，民事部分是否属于"一事不再理"应驳回起诉，应从法秩序的整体实现出发，思考"驳回起诉"究竟是遵从了"禁止重复评价"原则还是"评价不充分"？刑事责任与民事责任存在性质、功能及归责原则上的差异，此类案件中刑事判决"责令退赔"宣告式的判项是对民事审判的干涉，属"过度评价"；与此相对，民事部分裁定"驳回起诉"剥夺了当事人诉权，属于"评价不充分"；整体而言则意味着"评价不完整"。从法秩序的整体实现出发，刑民交叉案件的审理应在刑法与民法协调、衔接中保障司法救济的充分、完整、有效。

以上分析，"责令退赔"写入判项会形成一种司法困境：在刑民交叉案件处理中，它犹如一把高悬的"达摩克利斯之剑"，如果民事法官过于谨慎的对待这一判项，以"生效的刑事判决已经对民事实体问题作出处理为由"驳回起诉，会侵犯公民的民事部分救济权，刑法规范不仅是行为规范，"也是司法者的裁判规范，司法者不得滥用刑罚权侵犯公民"[①]；如果民事法官大胆的避开这一判项，该条款的法律适用意义何在？这又不免落入"稻草人条款"，最终损害司法的公信力。

[①]　李英兰:《契约精神与民刑冲突的法律适用——简评〈保险法〉第54条与〈刑法〉第198条规定之冲突》,《政法论坛》2006年第6期, 第29页。

　　因此，在刑民交叉案件的审理中，"责令退赔"作为一种技术处理写入判项是不科学的。实际退赔情况应在查明事实部分予以确认，并在裁判说理部分作为被告人减轻处罚的量刑情节，从而与民事诉讼中赔偿问题相衔接。

参考文献

一、中文文献

（一）著作类

[1] 白建军:《关系犯罪学》,中国人民大学出版社 2005 年版。

[2] 陈荣宗、林庆苗:《民事诉讼法》,三民书局 1996 年版。

[3] 陈瑞华:《看得见的正义》,中国法制出版社 2000 年版。

[4] 陈瑞华:《刑事诉讼的前沿问题》,中国人民大学出版社 2005 年版。

[5] 陈晓明:《恢复性司法的理论与实践》,法律出版社 2006 年版。

[6] 陈兴良:《刑法疑案研究》,法律出版社 2002 年版。

[7] 陈兴良:《刑法哲学》(修订二版),中国政法大学出版社 2000 年版。

[8] 陈兴良:《宽严相济刑事政策研究》,中国人民大学出版社 2007 年版。

[9] 陈兴良:《刑法哲学》,中国政法大学出版社 2000 年版。

[10] 程味秋:《外国刑事诉讼法概论》,中国政法大学出版社 1994 年版。

[11] 储槐植:《刑事一体化》,法律出版社 2004 年版。

[12] 戴东雄:《中世纪意大利法学与德国的继受罗马法》,中国政法学出版社 1999 年版。

[13] 甘添贵：《论刑法上人之始期与终期》，台湾瑞兴图书股份有限公司1996年版。

[14] 韩忠谟：《法学绪论》，中国政法大学出版社2002年版。

[15] 韩忠谟：《刑法原理》，中国政法大学出版社2002年版。

[16] 何秉松主编：《刑法教科书》，中国法制出版社2000年版。

[17] 何帆：《刑民交叉案件审理的基本思路》，中国法制出版社2007年版。

[18] 黄荣坚：《刑法问题与利益思考》，元照出版公司1999年版。

[19] 李显冬：《从〈大清律例〉到〈民国民法典〉的转型——兼论中国古代固有民法的开放性体系》，中国人民公安大学出版社2003年版。

[20] 梁根林：《刑事法网：扩张与限缩》，法律出版社，2005年版。

[21] 林立：《法学方法论与德沃金》，中国政法大学出版社2002年版。

[22] 林山田：《刑罚学》，商务印书馆1985年版。

[23] 林钰雄："刑事诉讼法"，台北市林钰雄2001年版。

[24] 刘凤科：《刑法在现代法律体系中的地位与特征》，人民法院出版社2007年版。

[25] 刘明祥：《财产罪比较研究》，中国政法大学出版社2001年版。

[26] 刘荣军：《程序保障的理论视觉》，法律出版社1999年版。

[27] 刘少军著：《法边际均衡论》，中国政法大学出版社2007年版。

[28] 刘宪权：《证券期货犯罪理论与实务》，商务印书馆2005年版。

[29] 刘宪权主编：《中国刑法理论前沿问题研究》，人民出版社2005年版。

[30] 骆永家：《既判力之研究》，台湾骆永家1999年版。

[31] 马克昌主编：《近代西方刑法学说史略》，中国检察出版社1996年版。

[32] 沙君俊：《合同诈骗罪研究》，人民法院出版社2004年版。

[33] 宋英辉主编：《刑事程序法功能》，中国人民公安大学出版社

2004 年版。

[34] 宋英辉主编:《刑事诉讼原理》,法律出版社 2003 年版。

[35] 苏永钦:《民事立法与公私法的接轨》,北京大学出版社 2005 年版。

[36] 王利明:《民法·侵权行为法》,中国人民大学出版社 1993 年版。

[37] 王利明:《侵权行为法归责原则研究》,中国政法大学出版社 1992 年版

[38] 王利明等著:《民法学》(第二版),法律出版社 2008 年版。

[39] 王利明主编:《民法·侵权行为法》,中国人民大学出版社 1993 年版。

[40] 王利明主编:《人身损害赔偿疑难问题——最高法院人身损害赔偿司法解释之评论与展望》,中国社会科学出版社 2004 年版。

[41] 王敏远:《刑事司法理论与实践检讨》,中国政法大学出版社 1999 年版。

[42] 王泽鉴:《民法物权·通则·所有权》,中国政法大学出版社 2001 年版。

[43] 王泽鉴:《债法原理·不当得利》,中国政法大学出版社 2002 年版。

[44] 王作富主编:《刑法分则实务研究》(中),中国方正出版社 2003 年版。

[45] 王作富:《刑法论衡》,法律出版社 2004 年版。

[46] 谢鹏程:《基本法律价值》,山东人民出版社 2000 年版。

[47] 徐昕:《论私力救济》,中国政法大学出版社 2005 年版。

[48] 徐亚文:《程序正义论》,山东人民出版社 2004 年版。

[49] 杨遂全:《中国之路与中国民法典》,法律出版社 2005 年版。

[50] 杨一平:《司法正义论》,法律出版社 1999 年版。

[51] 易继明:《私法精神与制度选择》,中国政法大学出版社 2003

年版。

[52] 于改之:《刑民分界论》,中国人民公安大学出版社 2007 年版。

[53] 余振华:《刑法违法性理论》,元照出版公司 2001 年版。

[54] 曾世雄:《民法总则之现在与未来》,中国政法大学出版社 2001 年版。

[55] 张晋藩:《清代民法综论》,中国政法大学出版社 1998 年版。

[56] 张晋藩:《中华法制文明的演进》,中国政法大学出版社 1999 年版。

[57] 张明楷:《法益初论》,中国政法大学出版社 2003 年版。

[58] 张明楷:《外国刑法纲要》,清华大学出版社 1999 年版。

[59] 张明楷:《刑法学》,法律出版社 2003 年版。

[60] 张明楷:《诈骗罪与金融诈骗罪研究》,清华大学出版社 2006 年版。

[61] 张明楷:《刑法学》(第二版),法律出版社 2003 版。

[62] 张文显:《法学基本范畴研究》,中国政法大学出版社 1993 年版

[63] 张文显:《法理学》,高等教育出版社、北京大学出版社 2001 年版。

[64] 张中秋:《中西法律文化比较研究》,中国政法大学出版社 2006 年版。

[65] 赵秉志主编:《犯罪总论问题探索》,法律出版社 2003 年版。

[66] 赵秉志主编:《侵犯财产罪》,中国人民公安大学出版社 2003 年版。

[67] 赵永红:《刑事程序性裁判研究》,中国政法大学图书馆馆藏博士论文。

[68] 周光权:《刑法学的向度》,中国政法大学出版社 2003 年版。

[69] 朱铁军:《刑民关系论》,上海人民出版社 2012 年版。

[70][英] 吉米·边沁:《论一般法律》,毛国权译,上海三联书店

2008 年版。

[71][英] 巴里·尼古拉斯:《罗马法概论》, 黄风译, 法律出版社 2000 年版。

[72][美] 庞德:《通过法律的社会控制:法律的任务》, 沈宗灵等译, 商务印书馆 1984 年版。

[73][美] 约翰·亨利·梅利曼:《大陆法系》, 顾培东、禄正平译, 李浩校, 法律出版社 2004 年版。

[74][加] 欧内斯特·J. 温里布:《私法的理念》, 徐爱国译, 北京大学出版社 2007 年版。

[75][意] 彼德罗·彭梵得:《罗马法教科书》, 黄风译, 中国政法大学出版社 1992 年版。

[76][意] 朱塞佩·格罗索:《罗马法史》, 黄风译, 中国政法大学出版社 1994 年版。

[77][德] 黑格尔:《法哲学原理》, 范扬、张企泰译, 商务印书馆 1961 年版。

[78][德] 拉德布鲁赫:《法学导论》, 米健、朱林译, 中国大百科全书出版社 1997 年版。

[79][德] 克劳斯·罗克辛:《德国刑法学总论》(第 1 卷), 王世洲译, 法律出版社 2005 年版。

[80][意] 杜里奥·帕多瓦尼:《意大利刑法学原理》, 陈忠, 陈忠林译, 法律出版社 1998 年版。

[81][日] 美浓部达吉:《公法与私法》, 黄冯明译, 中国政法大学出版社 2003 年版。

[82][日] 牧野英一:《法律上之进化与进步》, 朱广文译, 中国政法出版社 2003 年版。

[83][日] 大谷实:《刑法总论、各论》, 黎宏译, 法律出版社 2001 年版。

[84][日] 大塚仁：《刑法概说（总论）》，冯军译，中国人民大学出版社 2003 年版。

[85][日] 西田典之：《日本刑法各论》，刘明祥、王昭武译，武汉大学出版社 2005 年版。

[86] 黄荣坚：《刑法的极限》，台湾元照出版公司 1999 年版。

[87] 林山田：《犯罪通论》，台湾三民书局 1990 年版。

[88] 曾世雄：《损害赔偿法原理》，中国政法大学出版社 2001 年版。

[89] 王泽鉴：《民法学说与判例研究》（第二册），中国政法大学出版社 2005 年版。

[90] 郑玉波：《民法债编总论》，中国政法大学出版社 2004 年版。

[91][英] 丹宁：《法律的正当程序》，法律出版社 1999 年版。

[92][德] 海因里希·罗门：《自然法的观念史和哲学》，姚中秋译，上海三联出版社 2007 年版。

[93][美] 博登海默：《法理学、法哲学与法律方法》，中国政法大学出版社 1999 年版。

[94][美] 约翰·亨利·梅利曼：《大陆法系》，顾培东、禄正平译，法律出版社 2004 年版。

[95][美] 迈克尔·D·贝勒斯：《法律的原则》，中国大百科全书出版社 1996 年版。

[96][法] 勒内·达维：《英国法与法国法：一种实质性比较》，清华大学出版社 2002 年版。

[97][德]K·茨威格特、H·克茨：《比较法总论》，潘汉典等译，法律出版社 2003 年版。

[98][德] 克劳斯·罗克辛：《德国刑事诉讼法》，吴丽琪译，三民书局 1998 年版。

[99][德] 拉德布鲁赫：《法学导论》，米健、朱林译，中国大百科全书出版社 1997 年版。

[100][日]土本武司:《日本刑事诉讼法要义》,董璠舆、宋英辉译,五南图书出版公司 1997 年版。

[101][日]佐伯仁志、道垣内弘人:《刑法与民法的对话》,北京大学出版社 2012 年版。

[102][日]谷口安平:《程序的正义与诉讼》,中国政法大学出版社 1996 年版。

[103][美]艾伦·沃森:《民法法系的演变及形成》,李静冰、姚新华译,中国政法大学出版社 1992 年版。

[104][加]欧内斯特·J·温里布:《私法的理念》,徐爱国译,北京大学出版社 2007 年版。

[105][德]克雷斯蒂安·冯·巴尔:《欧洲比较侵权行为法》(上册),张新宝译,法律出版社 2001 年版。

[106][日]西田典之:《日本刑法各论》,刘明祥、王昭武译,武汉大学出版社 2005 年版。

[107][日]芝原邦尔:《经济刑法》,金光旭译,法律出版社 2002 年版。

(二)论文和报告类

[1] 北京市第一中级人民法院刑一庭:《关于刑事附带民事诉讼面临的司法困境及其解决对策的调研报告》,载《法律适用》2007 年第 7 期。

[2] 曹晖:《论赃物的善意取得》,载《法律适用》2008 年第 10 期。

[3] 陈国庆、韩耀元、邱利军:《〈关于办理受贿刑事案件适用法律若干问题的意见〉的解读》,载《人民检察》2007 年第 14 期。

[4] 陈航:《契约精神:一条纵贯当代刑法的思想红线——严格施行新刑法别论》,载《兰州商学院学报》2001 年第 1 期。

[5] 陈立:《非法占有遗忘物行为问题新论》,载《法学杂志》2001 年第 4 期。

[6] 陈瑞华:《刑事诉讼中的重复追诉问题》,载《政法论坛》2002 年

第 5 期。

[7] 陈兴良：《违法性理论：一个反思性检讨》，载《中国法学》2007年第 3 期。

[8] 龚刚强：《法体系基本结构的理性基础——从法经济学视角看公私法划分和私法公法化、公法私法化》，载《法学家》2005 年第 3 期。

[9] 郭立峰：《表见代理与合同诈骗罪》，载《中国刑事法杂志》2004年第 5 期。

[10] 胡立新：《刑事责任与民事责任之间的吸收》，载《法学》1994年第 6 期。

[11] 江苏省高级人民法院民二庭：《涉及经济犯罪的民事案件疑难法律问题研究》，载《人民司法》2005 年第 5 期。

[12] 江伟、范跃如：《刑民交叉案件处理机制研究》，《法商研究》2005 年第 4 期。

[13] 江伟、肖建国：《论既判力的客观范围》，载《法学研究》1996年第 4 期。

[14] 赖修桂、赵学军：《从许霆案看刑法的谦抑性》，载《法律适用》2009 年第 2 期。

[15] 李洁：《中日刑事违法行为类型与其他违法行为类型关系之比较研究》，载《环球法律评论》2003 年秋季号。

[16] 李兰英：《契约精神与民刑冲突的法律适用—兼评〈保险法〉第54 条与〈刑法〉第 198 条规定之冲突》，载《政法论坛》2006 年第 6 期。

[17] 李颂银：《刑法调整对象新说》，载《法商研究》1999 年第 4 期。

[18] 梁治平：《"法"辨》，载《中国社会科学》1986 年第 4 期。

[19] 林瑞成：《民事判决既判力与程序保障的理论与实证研究》，中国政法大学图书馆馆藏博士论文。

[20] 刘东根：《论刑事责任与民事责任的转换——兼对法释 [2000]33号相关规定的评述》，载《中国刑事法杂志》2004 年第 6 期。

[21] 刘凯湘:《论民法的性质与理念》,载《法学论坛》2000 年第 1 期。

[22] 刘霜:《刑法调整对象新论》,载《云南大学学报法学版》2005 年第 6 期。

[23] 彭泽君:《日本刑法中的可罚的违法性理论及其对我国的借鉴》,载《法学评论》2005 年第 6 期。

[24] 申卫星:《中国民法典的品性》,载《法学研究》2006 年第 3 期。

[25] 苏彩霞:《提倡刑法学研究的"开放性思维"》,载《法学杂志》2003 年第 4 期。

[26] 苏彩霞:《刑法价值判断的实体性论证规则》,载《华东政法大学学报》2008 年第 1 期。

[27] 苏俊雄:《刑事犯与行政犯之区别理论对现代刑事立法作用》,载《刑事法杂志》第 37 卷第 1 期。

[28] 孙国华 杨思斌:《公私法的划分与法的内在结构》,载《法制与社会发展》2004 年第 4 期。

[29] 孙笑侠:《公、私法责任分析——论功利性补偿与道义性惩罚》,载《法学研究》1994 年第 6 期。

[30] 童德华:《刑事代理责任理论介评》,载《法学评论》2000 年第 3 期。

[31] 童可兴:《刑民交错案件的司法界定》,载《人民检察》2004 年第 6 期。

[32] 童伟华:《论日本刑法中的占有》,载《太平洋学报》2007 年第 1 期。

[33] 王福华:《民事判决既判力:由传统到现代的嬗变》,载《法学论坛》2001 年第 11 期。

[34] 王利明:《惩罚性赔偿研究》,载《中国社会科学》2000 年第 4 期。

[35] 王瑞君：《论刑法的私法化倾向》，载《山东警察学院学报》2006年第3期。

[36] 王轶：《民法价值判断问题的实体性论证规则——以中国民法学的学术实践为背景》，载《中国社会科学》2004年第6期。

[37] 王政勋：《定量因素在犯罪成立条件中的地位——兼论犯罪构成理论的完善》，载《政法论坛》2007年第4期。

[38] 夏勇：《刑法与民法——截然不同的法律类型》，载《法治研究》2013年第10期。

[39] 肖洪：《刑法的调整对象》，载《现代法学》2004年第6期。

[40] 徐昕：《通过私力救济实现正义》，载《法学评论》2003年第5期。

[41] 杨俊：《许霆恶意取款案的刑法学思考》，载《湖南民族职业学院学报》2008年第3期。

[42] 杨兴培：《许霆案的技术分析及其法理思考》，载《法学》2008年第3期。

[43] 杨一凡：《中华法系研究中的一个重大误区——"诸法合体、民刑刁分"说质疑》，载《中国社会科学》2002年第6期。

[44] 杨忠民：《刑事责任与民事责任不可转换——对一项司法解释的质疑》，载《法学研究》2002年第4期。

[45] 姚建龙：《论刑法的民法化》，载《华东政法学院学报》2001年第4期。

[46] 应秀良：《论我国赃物善意取得的法律适用——兼论物权法第一百零六条、第一百零七条的理解》，载《人民司法》2008年第15期。

[47] 于改之、吴玉萍：《刑、民冲突时的法律适用——以帅英骗保案为中心》，载《法律适用》2005年第10期。

[48] 于志刚：《关于民事责任能否转换为刑事责任的研讨》，载《云南大学学报法学版》2006年第11期。

[49] 俞江:《关于"古代中国有无民法"问题的再思考》,载《现代法学》2001 年第 6 期。

[50] 张洪涛:《法律规范逻辑结构的法社会学思考——以我国刑法和民法规范为主》,载《东南学术》2007 年第 1 期。

[51] 张明楷:《不当得利与财产犯罪的关系》,载《人民检察》2008 年第 13 期。

[52] 张明楷:《论三角诈骗》,载《法学研究》2004 年第 2 期。

[53] 张明楷:《刑法在法律体系中的地位——兼论刑法的补充性与法律体系的概念》,载《法学研究》1994 年第 6 期。

[54] 张阳:《谈刑法中的赃物问题》,载《人民检察》2008 年第 6 期。

[55] 赵秉志、周加海:《侵占罪疑难实务问题》,载《现代法学》2001 年第 5 期。

[56] 赵合理:《刑民互涉案件中经济犯罪的处理结果对民商事法律关系的影响》,载《人民司法》2005 年第 9 期。

[57] 周光权、李志强:《刑法上的财产占有概念》,载《法律科学》2003 年第 2 期。

[58] 周光权:《从无占有意思的拾得者手中夺取财物构成何罪》,载《法学》2005 年第 9 期。

[59] 周光权:《论刑法目的的相对性》,载《环球法律评论》2008 年第 1 期。

[60] 周光权:《侵占罪疑难问题研究》,载《法学研究》2002 年第 3 期。

[61][日] 滋贺秀三:《中国法文化的考察——以诉讼的形态为素材》,载《比较法研究》1988 年第 3 期。

（三）学位论文类

[62] 董秀婕:《刑民交叉法律问题研究》,吉林大学博士学位论文,2007 年。

[63] 刘彦辉:《刑事责任与民事责任比较研究》,黑龙江大学博士学位论文,2010 年。

[64] 刘宇:《民刑关系要论》,吉林大学博士学位论文,2007 年。

[65] 牛锋:《民刑法关联问题研究》,吉林大学博士学位论文,2011 年。

[66] 徐艳阳:《刑民交叉问题研究》,中国政法大学博士学位论文,2009 年。

[67] 张天一:《刑法上之财产概念——探索财产犯罪之体系架构》,台湾天主教辅仁大学法律学系博士论文,2007 年。

[68] 钟豪锋:《刑事不法与民事不法的分界》,台湾政治大学法学院硕士论文,2003 年。

[69] 朱铁军:《刑民实体关系论》,华东政法大学博士学位论文,2009 年。

二、外文文献

[179]Adam Candeub, Consciousness & Culpability, 54 Ala. L. Rev (2002).

[180]H.L.A. Hart, Legal Responsibility and Excuses, in Punishment and Responsibility：Essays in the Philosophy of Law, Oxford University Press (1968).

[181]Mary M. Cheh, constitution limits on using civil remedies to achieve criminal law objectives：understanding and transcending the criminal-civil law distinction, Hastings Law Journal(1991).

[182]Paul H. Robinson, the Criminal-Civil Distinction and the Utility of Desert, 76 B.U.L.Rev.201(1996).

[183]Richard G. Singer, John Q. La Fond, Criminal law：Examples and Explanations 6th Edition, Aspen Publishing, ING. (1995).